제2판

한국어 읽기 교육론

한국문화사
한국어교육학
시 리 즈

제2판

한국어 읽기 교육론

하채현 지음

한국문화사

한국문화사 한국어교육학 시리즈

한국어 읽기 교육론 　제2판

1판 1쇄 발행　2019년 9월 1일
2판 1쇄 발행　2022년 9월 1일

지 은 이 | 하채현
펴 낸 이 | 김진수
펴 낸 곳 | 한국문화사
등　　록 | 제1994-9호
주　　소 | 서울시 성동구 아차산로49, 404호(성수동1가, 서울숲코오롱디지털타워3차)
전　　화 | 02-464-7708
팩　　스 | 02-499-0846
이 메 일 | hkm7708@daum.net
홈페이지 | http://hph.co.kr

ISBN　979-11-6919-036-7 93710

· 이 책의 내용은 저작권법에 따라 보호받고 있습니다.
· 잘못된 책은 구매처에서 바꾸어 드립니다.
· 책값은 뒤표지에 있습니다.

오류를 발견하셨다면 이메일이나 홈페이지를 통해 제보해주세요.
소중한 의견을 모아 더 좋은 책을 만들겠습니다.

제2판 머리말

3년 만에 2판을 묶는다. 7개의 이야기를 풀어서 13장으로 만들었다. 수업의 절차에 따라 '읽기 전략'과 '어휘 지도' 장의 순서를 조정했다. 선다형 퀴즈에 대한 관심이 높아 풀이 문항을 늘렸다. 새롭게 쓴 14장은 한국어 읽기 교육과 관련해서 3년 동안의 변화를 거칠게 담았다.

코로나로 인한 사회현상은 교육계에 큰 변화를 일으켰다. 대면 밀착접촉 방식의 언어 학습을 단번에 원격 온라인 수업으로 바꾸었다. 읽기 수업은 화면을 보면서 함께 낭독하게 되었다. 일상 회복 이후에 이와 같은 변화는 계속 영향력을 미치고 있다. 계속된 지구 공공재 환경문제는 앞으로 어떤 식으로든 언어 교육에 관여할 것이다.

한편 인공지능이 키티호크 타임(Kitty Hawk Time)이다. 인간이 무엇인지 물어야 하는 것과 마찬가지로 기계 번역이 언어 교육의 정체성을 다시 묻고 있다. 아직은 아니라고 하지만 곧 인간의 뇌 기능을 컴퓨터가 전담하게 되면 이 또한 읽기 교육에 영향을 줄 것이다. 이와 같은 고민을 14장에 담았다.

2판을 묶는 데에 많은 분들의 질책과 조언이 있었다. 그중 가네코 루리코 교수님은 일본어 읽기 교육과 비교 지점을 알게 해주셨다. 경기도 소재 중등학교에 근무하시는 선생님 덕분에 '읽기 과제'에 대해서 더 생각해 볼 수 있었다. 이 책으로 함께 공부했던 우석대 다문화대학원 김명희 선생님, 채경희 선생님, 조영일 선생님, 모니카 선생님, 윤소리 선생님께도 감사를 전한다. 그 밖에 여러 선생님들의 조언을 받았으나 여기에 다 적지 못해 안타깝다.

한국어 읽기 수업의 매체 활용의 수준과 범위를 2판에 포함하고 싶었지만 넣지 못했다. 최근 베트남 다낭대학교 학생들과 원격 읽기 수업을 함께 하면서 아이디어가 생겼지만, 문장으로 담아지지 않았다. 아직 더 고민해야 한다.

『한국어읽기교육론』 2판을 기다려주신 모든 분께 감사를 전한다. 2판을 엮어주신 한국문화사 조정흠 부장님과 진나경 선생님, 김모령 선생님께 고개 숙여 감사를 올린다. 급변하는 세상에서 한국어 읽기의 변화를 읽는 자리에 서 있겠다는 다짐의 마음으로 이 책을 바친다.

2022년 여름
단지골에서
하채현

제1판 머리말

한국어읽기교육에서 '읽기'는 쓰기와 같이 문어(文語)이고 듣기와 같이 하면 이해(理解) 쪽에 든다. 읽기는 언어 숙달도가 높아질수록 점점 중요해지는 언어 기능 중 하나다. 그러나 읽기가 외부로부터 유입되어 머릿속에서 처리되는 언어 현상이어서 교육에서 다루기 힘든 영역에 속한다.

이 책은 한국어 수업에서 중요 영역 중 하나인 '읽기'를 통하여 한국어교원으로서 갖추어야 할 자질과 전문성을 배양하도록 기획하였다. 대개는 이론적인 이야기들이지만 현장의 이야기를 섞어 논의하여 한국어교육에 대한 전반적인 이해를 높이고자 하였다. 한국어 교사 양성과정 이수자와 한국어교육 전공자들을 위한 강좌에서 사용하기 편하도록 7개 이야기, 14개의 장으로 구성하였다. 각 장에는 '학습목표'와 '미리 볼까요(사전 학습)', 'QUIZ', '정리해 봅시다(마무리 학습)'를 두었다. 독학하거나 함께 공부하기 쉬웠으면 한다. 각 장에 들어 있는 모든 'QUIZ'와 '미리 볼까요'에 별도의 해설을 두었다.

2003년부터 2005년까지 코이카(KOICA) 한국어교육 단원으로 베트남에서 활동한 이후 어쩌다보니 여기까지 왔다. 국어학 전공자 틈바구니에서 문학교육 전공자이면서 해외 한국어교육 경력자인 나는 항상 특별했다. '매체 활용 한국어교육'이 학술지『언어와 문화』에 실리면서 내가 한국어 교사만이 아니라 연구자가 될 수 있구나 싶었다.

여전히 부족하다. '어휘'와 '이해'에 대한 약간의 공부와 현장 경험을 토대로 쓴 이 책은 빠진 부분이 많다. 빈 곳을 채우기 위해 매진할 일이다. 처음 원고는 2016년 한울원격평생교육원 강의안이다. 이때 나의 소울 메이트 이무조 선생님과 함께 고민하고 집필했다.

지금 모습이 100% 바뀌었지만 기초 작업을 같이 했으니 이 책의 절반은 여전히 이무조 선생님의 것이기도 하다.

2000년 이후 한국어교육은 양적 질적 성장을 거듭해 왔다. 한국어 학습자가 급격히 늘었고 학령인구 감소와 맞물려 대학마다 한국어 교실이 개설되었다. 그러나 돌아보면 한국인이 한국어를 읽게 된 것이 한국 전쟁 이후이니 겨우 60년 안팎이다. 이런 상황에서 『한국어읽기교육론』을 내는 대담함은 그야말로 반성의 의미가 크다.

첫째는 보편적인 언어 교수에서 한국어 교수법의 발달을 꾀하자는 반성. 둘째는 전자매체 시대 읽기와 쓰기 변화 속에서 읽기와 독서의 특성을 제대로 규명하자는 반성이다. 두 가지 반성이 곧바로 나를 향해 있다.

그런 점에서 이 책을 쓰면서 접한 『읽기교육과 현장조사연구』는 내게 많은 시사점을 주었다. 이론과 실제의 결합. 말하자면 현장에서 가르치는 자가 현장의 이야기를 교육론으로 전환해야 한다는 논리다. 진리는 서쪽 하늘 끝에 걸려 있지 않고 엎드려 관찰하는 사람들에게서 나온다.

마지막으로 감사 인사를 전하고 싶다. 우선 세계 곳곳에서 어려운 가운데 한국어 사랑을 실천하는 모든 한국어 선생님들께 사랑을 전한다. 그분들 덕분에 한국어교육이 생명력을 얻는다. 다음으로 베트남과 태국, 그리고 한국에서 나에게 한국어를 배운 나의 모든 제자들에게 그리움과 사랑을 전한다. 그들의 한국어 사랑과 한국어에 대한 열정이 나를 여기까지 밀어 넣었다. 끝으로 부족한 글을 엮어 주신 한국문화사 조정흠 차장님과 김세화 선생님께 감사를 드린다. 계속 미루기만 하는 나는 기다려주시고 격려해주신 덕분에 끝까지 힘을 낼 수 있었다.

이제야 출발선에 선 느낌이다.

2019년 여름
단지골에서
하채현 씀

차례

머리말_5
차례_9

01장 읽기 교육의 개념

1. 읽기와 읽기교육 ··············· 17
  1. 구어(口語)와 문어(文語) ········· 17
  2. 읽기의 개념 ··············· 18

2. 읽기 교육의 흐름 ············· 24
  1. 언어 교육의 기능 ············ 24
  2. 제2언어 습득 연구의 흐름 ······· 25
  3. 읽기 교육의 변천 ············ 27

02장 읽기 교육의 목표

1. 읽기 교육의 목표 설정 ········· 35
  1. 학습 목적에 따른 읽기 교육의 목표 ··· 35
  2. 숙달도에 따른 읽기 교육의 목표 ····· 37
  3. 읽기 교육 목표의 확장 ········· 42

2. 읽기 교육의 내용과 범위 ······· 43
  1. 스키마 ················· 46
  2. 읽기 자료의 선별 기준 ········· 50
  3. 읽기 자료의 유형 ············ 52

03장 읽기 교육의 이론

1. 인지 심리학에 기반을 둔 읽기 교육 ··· 59
  1. 수동적인 읽기 ·············· 59
  2. 능동적인 읽기 ·············· 60

2. 읽기 모형 ················ 62
  1. 상향식 읽기 모형
    (Button-up Models of Reading) ···· 64
  2. 하향식 읽기 모형
    (Top-down Models of Reading) ···· 64
  3. 상호작용 읽기 모형
    (Interactive Models of Reading) ···· 65

04장 읽기에 영향을 미치는 요인

1. 언어적 지식 ··············· 73
  1. 어휘와 통사 ··············· 75
  2. 현장 조사로 얻은 결과 ········· 75

2. 텍스트에 관한 지식 ·········· 76
  1. 텍스트 구조 ··············· 77
  2. 텍스트 유형 ··············· 77

3. 문화적 지식 ··············· 79
  1. 내부자 관점과 외부자 관점 ······· 79
  2. 문화 지식과 문화 활동 ········· 80
  3. 언어문화 통합 교육 ··········· 81

05장 읽기 자료의 구성과 읽기 과제

1. 읽기 자료의 구성 ··············87
   1. 읽기 자료의 종류 ··············88
   2. 자료 구성의 유의점 ··············92

2. 읽기 과제의 정의와 유형 ··············94
   1. 읽기 과제란 ··············94
   2. 읽기 과제의 유형 ··············95

07장 어휘 지도

1. 어휘 지도 현장 ··············119
2. 어휘 지도의 중요성 ··············122
3. 토픽과 어휘 지도 ··············125
4. 어휘 교재 개발 ··············127
5. 어휘 지도의 방향 ··············131
   1. 사전의 활용 ··············136
   2. 주석의 효과 ··············136
   3. 낱말을 모으는 학생들 ··············136

06장 읽기 교육의 쟁점

1. 읽기 교육 방안에 대한 쟁점 ··············105
   1. 읽기 속도 ··············106
   2. 문법&어휘 ··············107
   3. 넓게 읽기 ··············107
   4. 분석적인 읽기 ··············109

2. 읽기 교재 개발에 대한 쟁점 ··············110
   1. 여러 가지 읽기 전략 ··············110
   2. 읽기 자료의 수정과 선정 ··············111
   3. 읽기와 담화 ··············112

08장 읽기 전략

1. 읽기 전략이란 ··············143
2. 텍스트 관련 읽기 전략 ··············149
   1. 텍스트 유형별 읽기 전략 ··············149
   2. 텍스트 구조의 패턴 이해 ··············151
   3. 텍스트 응집성을 위한 장치 ··············152

3. 독자 관련 읽기 전략 ··············153
   1. 인지 전략 ··············153
   2. 메타 인지 전략 ··············154
   3. 보상 전략 ··············155
   4. 아웃풋 전략 ··············155

4. 읽기 전략의 활용 ··············157

09장 단계별 읽기 활동

1. 단계별 읽기 활동의 필요성 ············· 165
   1. 나선형 사고 과정 ····················· 165
   2. 읽기 단계 ··························· 167

2. 읽기 전 단계의 활동과 전략 ············· 168
   1. 스키마 활성화 ······················· 168
   2. 읽기 전 단계의 활동 ················· 169

3. 읽기 단계의 활동과 전략 ··············· 171
   1. 초인지 전략 활용 ···················· 171
   2. 읽기 단계의 활동 ···················· 172

4. 읽은 후 단계의 활동과 전략 ············· 173
   1. 다시 읽기 ··························· 173
   2. 읽은 후 단계의 활동 ················· 174

5. 단계별 읽기 전략의 활용 ··············· 177

10장 읽기 수업의 실제

1. 다양한 읽기 수업의 구성 ··············· 185
2. 전략적인 읽기 지도 ··················· 187
   1. 학생들이 사용하는 읽기 전략 파악 ····· 187
   2. 읽기 교실 시뮬레이션 ················ 188

3. 담화 구성 읽기 지도 ·················· 190
4. 중심 생각 파악하는 읽기 지도 ·········· 196
   1. 필자에게 질문하기 ··················· 197
   2. 교사와 학생의 상호작용 ·············· 198
   3. 문법적인 자각 확립하기 ·············· 198

11장 읽기 수업의 구성 단계

1. 읽기 수업의 설계 ····················· 205
2. 읽기 전 단계 ························ 208
   1. 읽기 전 단계의 유용성 ··············· 208
   2. 준비 전략에 활용되는 읽기 활동 ······ 209

3. 읽기 단계 ··························· 211
   1. 읽기 단계에서 실행할 만한 과제들 ···· 211
   2. 구조 전략에 활용되는 읽기 활동 ······ 213

4. 읽은 후 단계 ························ 215
   1. 학습자의 이해 측정 ·················· 215
   2. 교사가 자신에게 던져야 할 질문들 ···· 216
   3. 기능 통합 활동의 예 ················· 217

12장 읽기 평가

1. 읽기 평가의 목표 ····················· 225
   1. 평가에 대한 시각 전환 ··············· 225
   2. 목표 중심 읽기 평가 ················· 226
   3. 주제 중심 읽기 평가 ················· 229

2. 읽기 평가의 유형 ····················· 234
   1. 어휘 능력 평가 ······················ 235
   2. 사실적 이해 능력 평가 ··············· 235
   3. 구조적 이해 능력 평가 ··············· 236
   4. 추론적 이해 능력 평가 ··············· 236
   5. 논리적 이해 능력 평가 ··············· 237
   6. 읽기 평가 유형의 적용 ··············· 238

13장 TOPIK 읽기

1. 학습자 숙달도별 기준 ······················· 247
2. TOPIK 읽기 ······················· 249
   1. TOPIK의 변모와 특성 ······················· 249
   2. TOPIK 읽기 평가의 방향 ······················· 252

14장 읽기 교육의 미래

1. 읽기 교육과 한국어 ······················· 267
   1. 독서 교육과 한국어 읽기 ······················· 267
   2. 읽기 교육 연구의 전망 ······················· 270
2. 한국어 읽기 교육의 생태계 ······················· 275
   1. 온라인 한국어 읽기 ······················· 275
   2. 인공지능 시대의 읽기 ······················· 276

참고문헌   281
찾아보기   285

일러두기

각 장은 '학습목표, 학습목차, 미리 볼까요?, 본문, QUIZ, 정리해 봅시다'로 구성되어 있다.

- '미리 볼까요?'는 사전 학습이다.
- 'QUIZ'는 주요 용어나 개념을 짚은 문항으로 세 문항씩 들어 있다.
- '정리해 봅시다'는 '학습한' 핵심 내용을 가려 뽑았다.

# 01장

읽기 교육의 개념

들어가며

학습목표

1. 읽기 교육의 개념과 특성을 알 수 있다.
2. 읽기와 읽기 교육의 흐름을 알 수 있다.

학습목차

1. 읽기와 읽기 교육
2. 읽기 교육의 흐름

미리 볼까요?

OX 문제

→ 읽기의 개념은 다양한 접근이 가능하다. 그중에서 읽기를 '사고와 언어의 심리적 상호작용'이라고 하는 주장도 있다.

정답

해설

→ 읽기는 이해 기반의 심리적 과정에 해당한다.

1.
읽기와 읽기교육

1. 구어(口語)와 문어(文語)

언어를 표현하는 수단에는 말과 글이 있다. 말을 '구어(口語)'라고 하고 '입말'이라고도 한다. 글을 '문어(文語)'라고 하고 '글말'이라고도 한다. 말하기 듣기 읽기 쓰기라는 언어 기능에서 '구어(口語)'는 말하기와 듣기에, '문어(文語)'는 읽기와 쓰기에 해당한다. 그리고 말하기와 쓰기를 '표현 영역'으로, 듣기와 읽기를 '이해 영역'으로 구분한다.

읽기는 글로 표현된 언어와 관련된다. 말로 표현된 언어는 듣기와 말하기와 관련된다. 언어를 분류하는 다른 기준으로 청자(독자)의 입장인가, 화자(저자)의 입장인가에 따라서 이해 언어와 표현 언어로 나눌 수 있다. 이 기준에 따르면 읽기는 이해 언어에 속한다. 즉 읽기란 글로 표현된 언어를 이해하는 행위라고 할 수 있다. 그러나 이렇게 단순히 한 마디로 읽기가 무엇인가를 정리할 수 없는 것은 읽기가 글을 대상으로 한 인간의 이해 행위라는 데 있다. 인간의 이해 행위는 뇌 속에서 처리되는 과정을 빼놓을 수 없는데, 뇌 속에서 처리되는 과정은 눈으로 볼 수 있는 것이 아니기 때문이다. 이러한 이유로 읽기란 무엇인가에 대한 수많은 대답이 있게 된다.

잘 읽기 위해서는 텍스트의 형식적 특징과 개념적 의미, 의사소통 기능을 모두 파악해야 한다. 읽기의 문어(文語) 특징은 듣기의 구어(口語) 특징과의 비교 속에서 드러난다. 읽기 위해서는 한국어의 글자를 알아야 한다. 한국어의 발음과 다를 때도 있으므로 '소리나는 대로 적되 어법에 맞게 함'이라는 어문 규정을 이해해야 한다. 주제에 맞는 어휘 선택과 활용을 학습해야 하고, 입말보다 복잡하고 전문적인 의미를 담는 경우가 많으므로 특정한 담화구조를 익혀야 한다. 한국어의 수사학적 형식은 다른 언어와 같은 것도 있지만 다른 것도 있다. 언어 속에 들어 있는 문화적 특성을 이해하면 수사학적 형식을 이해하는 데 도움이 될 수 있다.

2. 읽기의 개념

2.1 사고와 언어의 상호작용

읽기의 개념에 대한 논의들을 살펴보면 읽기 교육을 이해하는 데 도움이 될 수 있다. 대개 읽기는 의사소통의 부분이며 심리학적으로 독자의 재구성 과정을 거친다. 여기로부터 읽기 특성과 의미 범주가 갈라져 나온다. 논의 시기와 접근의 방향에 따라 읽기에 대한 다양한 목소리들이 확인된다.

학자에 따라 전개된 논의를 보자. 김제열(2007:172)에서 읽기는 '의사소통의 한 부분으로서 문어 텍스트의 작자는 어떠한 의사소통적인 의도를 가정하고 있으며, 독자는 문어 텍스트를 이해하고 이에 반응하는 것'으로 의미 이해 단계와 행동 반응까지 포함하고 있다. 최정순(1999:51)에서는 정보 획득 개념으로서의 읽기는 '시각을 통한 문자 해독만이 아닌 저자와 독자와의 만남'이며 '저자가 문자의 배열을 통해 제시한 의미를 독자가 재구성하는 심리학적 과정이자, 기록된 기호에 의해 유발되는 사고'로 '소리내기, 훑어보기, 대충 보기, 해독하기, 이해하기 등의 다양한 의미 범주를 지니는 것'

으로 파악한다. 권미정(1999:14)에서는 '학습자가 여러 가지 텍스트를 통하여 알아내고자 하는 정보를 얻어내는 과정'으로 보고 읽기의 구성 요소로 학생, 자료, 목표 또는 평가에 따른 준거 과제, 안내 과제를 들고 읽기는 이 요소들의 복합적인 상호작용으로 이루어진다는 논의들을 예시한다. 김미옥(1992)에서는 Goodman(1967)의 관점과 Gephart(1970)의 관점을[1] 통해 읽기는 사고와 언어의 상호작용인 언어 심리학적인 과정으로 분석하고 있다.

2.2 정보 처리 과정

읽기는 주체(독자)와 대상(텍스트)과의 관계를 어떻게 보느냐에 따라서 해석이 달라진다. 읽기에 대한 정의가 관점에 따라 달라지는 이유가 그 때문이다. 읽기는 '글쓴이의 의도된 의미를 재구성하는 해독(decoding) 과정'으로 보는 상향적 읽기의 관점이 있다. 이와 달리 '연극에서 관객의 역할이 있어야 비로소 이루어지는 것처럼, 텍스트는 글과 독자가 상호작용하며 의미를 새롭게 구성할 때 완성될 수 있다'고 하여 독자의 역할을 중시하는 관점(Omaggio, 1986)도 있다.

Goodman(1975)을 비롯한 인지 심리 언어학적 관점의 읽기에서는 '독자를 자신의 과거 경험과 언어 지식을 결부시킴으로써 예측하고 확신하는 능동적인 정보 처리자'로 인식하는 하향적 읽기의 관점을 취한다. 상호작용적 관점에서 읽기는 '텍스트의 언어학적 정보와 독자의 인지가 동시에 영향을 준다'고 본다. 의미를 구축하는 상호적 과정에서 특히 독자의 변인[2]을 중시했다.

---

[1] 여기서 Goodman(1967)의 관점이란 '읽기란 기호로 표현된 언어이며 저자에 의해 문자화한 메시지를 읽는 사람이 재조직하는 복잡한 과정'이라고 요약된다. 또한 Gephart(1970)의 관점은 '읽기란 필자에 의해 시각적 자극으로 부호화된 의미가 독자의 마음속에서 의미로 변하는 것'으로 요약할 수 있다.

[2] 언어학적인 변인-어휘나 문법 지식 등의 제2언어 능력 수준-과 비 언어학적인 변인-배경지식, 과정 전략, 읽기 목적이나 관점 등의 요인-이 있다.

이처럼 읽기 정의가 변화되는 과정을 보면 읽기에서 텍스트와 독자 중 한쪽에 치우침 없이, 텍스트의 구조나 스키마, 둘의 상호작용 등을 고려하여 인접 학문(교육학이나 인지 심리학 등)과의 연계성을 토대로 연구의 방향을 잡아가고 있음을 알 수 있다.

이를 바탕으로 읽기에 대한 정의를 내려보면, **읽기는 '글에 제시된 정보와 독자 자신의 배경 지식을 결합하여 글 전체의 의미를 구성하는, 의미 있는 정보를 얻고 처리하는 과정'**이라고 할 수 있다. 이때 문자에 나타나 있지 않은 정보를 배경지식으로 추론해 내는 이해 행위까지 포함되어야 읽기의 개념이 명확해진다.

2.3 읽기의 특성

읽기의 특성을 다음과 같이 다섯 가지로 제시할 수 있다.

① 읽기는 수동적이 아닌 능동적 활동이다. 말하기와 쓰기를 표현 영역으로 읽기와 듣기를 이해 영역으로 이분하여 읽기를 수동적이고 수용적인 활동으로 인식해 왔지만 이제는 독자가 텍스트 해석의 선택권을 가진다는 점에서 능동적 활동으로 보는 경향이 강하다. 이는 앞에서 살펴본 언어학과 심리학 등 제2언어 습득과 관련된 연구의 변천에 따른 결과다.

② 독자는 목적에 따라 텍스트를 선택한다. 말하기, 듣기와 같은 구어 활동에서는 그 내용을 선별하는 것이 제한적이다. 반면에, 읽기는 누가, 언제, 어디에서, 왜 읽는지에 따라서 독자가 텍스트를 선택할 여지가 많이 주어진다고 할 수 있다.

③ 독자는 같은 텍스트를 다르게 읽는다. 읽기의 목적과 텍스트 유형에 따라서 다른 읽기 방식을 선택할 수 있는데, 읽기 수업 진행에서는 이와 관련하여 다양한 읽기 방식에 대한 지도가 이루어져야 한다.

④ 읽기에서는 독자가 텍스트로부터 새로운 의미를 창출해 낼 수 있다. 독자는 인쇄된 지면의 정보뿐 아니라 스키마를 활용한 텍스트와의 상호작용을 통해 내용을 새롭게 해석한다. 독자는 다양한 전략을 사용하여 역동적인 읽기를 하며, 이로 인해 작가가 의도하지 않은 새로운 의미를 창출하는 경우가 생긴다.
⑤ 모국어 읽기와 외국어 읽기 방법의 차이를 연구한 논의들에 근거해 볼 때, 어떤 독자를 대상으로 어떤 상황에서 썼는지에 따라 다르게 읽힌다. 대상으로 한 독자가 모국어 화자인지, 외국어 화자인지에 따라서 해석이 달라질 수 있다.

이 중에서 다섯 번째 특성은 텍스트와 관련된 것이다. 그 외의 네 가지 특성(①~④)은 사실은 첫 번째 특성으로 묶어서 이야기할 수 있을 것이다. 다시 말하면, ②~④의 특성은 첫 번째 특성에서 파생된 특성이라고 할 수 있다.

모국어 습득 과정 읽기는 글자와 소리의 관계를 알고 있어서 간단한 단어나 표현 등 문자로 표기된 것을 소리로 읽을 수 있다는 것을 의미한다. 반면에 외국어 습득 과정에서 읽기는 문자를 소리로 발음하는 것을 포함해서, 궁극적으로는 목표 언어로 표현된 글의 의미를 이해할 수 있는 것까지인 전체를 의미한다. 텍스트를 이해하기 위해서 독자는 언어학적 의미뿐 아니라 배경지식이나 사회 문화적 의미까지 알아야 이해가 가능한 경우가 허다하다. 그래서 독자는 언어학적 의미와 사회 문화적인 의미의 결합하여 이해에 도달하고자 한다.

모국어 읽기와 다른 외국어 읽기 교육을 위해 텍스트 수정(텍스트 상세화, 텍스트 단순화)이 읽기 이해에 미치는 영향과 필요성, 방법, 주의사항에 대한 여러 가지 논의들이 생겨났다. 모국어 읽기와 외국어 읽기가 다르지만, 모국어 읽기 교육 연구가 외국어 읽기 교육의 토대로 활용될 수 있으므로 모국어 읽기 교육 연구를 밑바탕으로 외국어 읽기 교육을 발전시킬 방안을 모색해야 할 것이다.

4) 읽기와 읽기 교육의 관계

읽기 교육을 효과적으로 하기 위해서는 읽기 과정에 대한 올바른 인식을 가질 필요가 있다. 읽기 과정을 잘 이해하려면 읽기에 대한 인지 심리학에서 말하는 읽기 연구를 살펴보아야 한다. 인지 심리학에서는 인간을 주어진 환경을 극복하고 수용하려는 욕구를 가진 것으로 본다.

인간은 세계에 대한 나름의 모형을 형성하기 위해 세상에 관한 정보를 선택하고 해석하고 통합한다. 그들은 자신의 모형에 기초해서 세계가 어떻게 작용할 것인지 예측하고 이들 예측이 해결되지 않으면 그 문제를 해결하려고 시도한다. 읽기 과정은 한 마디로 문제를 해결해 나가려는 노력과 다르지 않다.

읽기에 대한 인지 심리학적 관점은 읽기를 독자와 작가가 만나는 과정으로 설명한다. 읽기는 글에서 의미를 구성해가는 과정으로, 여기에는 다양한 요소들이 복합적으로 작용한다. Anderson et al.(1985)은 읽기를 오케스트라의 연주에 비교하기도 하였다.[3]

- 읽기는 하나의 총체적인 행위이다. 이는 오케스트라의 연주와 같다. 읽기가 철자에 대한 식별이나 단어 인지와 같은 하위 기능으로 나뉘지만, 한 번에 이들 하위 기능들이 한 가지씩 작용한다면 읽기를 통해 의미를 구성할 수 없다.
- 오케스트라가 훌륭한 연주를 하기 위해서는 연주자들의 숙련이 필요하다. 마찬가지로 읽기를 제대로 하려면 오랜 기간 실제적인 연습이 필요하다. 진정 읽기 능력을 기르는 데에는 삶 전체에서 노력해야 한다.

[3] 이 내용은 천경록·이재승(1997:29)에서 가져와서 이 글에 맞게 보완하여 인용하였다.

- 오케스트라 연주를 감상할 때 사람마다 다양한 것처럼 읽기에는 한 가지 이상의 관점이 작용할 수 있다. 독자의 배경지식에 따라 글을 해석할 수 있고 글을 읽는 목적이나 읽는 상황에 따라 해석할 수 있다.

읽기 교육은 이러한 읽기의 특성에 대한 이해를 바탕으로 이루어진다. 다시 말해 읽기가 독자가 주어진 텍스트의 의미를 이해하고 협상하는 상호 활동적, 능동적 기술이라는 점을 이해하고, 읽기 교육의 목표와 범위를 정할 수 있다. 강현화 외(2021:26)에서는 첫째, 문자의 정확한 식별, 둘째, 구조의 정확한 식별, 셋째, 단어, 문장, 담화의 내용 이해, 넷째, 문화적 차이에서 오는 어휘, 표현의 방법 이해라고 설명했다. 이를 상세히 하여 읽기 교육의 필요성으로 정리했다.

읽기 교육의 필요성 : 강현화 외(2021:23)
① 읽기는 문자의 시각적인 이해의 과정으로 음소 문자로서 한글의 특성을 파악하게 하는 기본 학습의 바탕이 된다.
② 읽기는 다른 언어 기능과도 밀접하게 연결되며, 어휘력과 독해력 신장의 기본이다.
③ 읽기는 정보를 수집하고 조직하고 분석하는 사고 행위의 바탕이 된다.
④ 읽기를 통하여 목표 문화의 관습을 습득할 수 있다.

2.
읽기 교육의 흐름

1. 언어 교육의 기능

언어 교육은 기능별[4]로 말하기, 듣기, 읽기, 쓰기 교육으로 나뉜다. 그러나 이 네 가지 기능들은 개별적으로 습득하기보다 상호작용으로 습득할 때 더 잘 발달할 수 있다.[5] 그렇다고 하더라고 각각의 기능별 습득을 무시할 수 없다. 읽기 기능은 한국어 습득과 숙달의 한 요소로서 중요하다. 여기서는 읽기 교육을 따로 분류해서 살펴보지만, 외국어로서의 한국어 교사들은 현장에서 읽기 교육을 실행할 때 궁극적으로는 다른 언어 기능들과의 상호작용을 어떻게 하는지를 고려해야만 한다. 언어 기능들 사이에 적극적인 교호가 이루어진다는 사실을 늘 염두에 두어야 한다.

---

[4] 언어 교육의 기능(function of linguistic education)에서 기능은 'function'으로 사용한다.

[5] 언어 교육에서 Brown H.D.(2001:363)의 통찰력 있는 지침들은 주목할 만하다.

2. 제2언어 습득 연구의 흐름

언어 교육은 언어학과 심리학에서 이루어진 다양한 연구를 바탕으로 하고 있다. 제2언어 습득과 관련된 언어학과 심리학의 연구 경향과 역사적인 흐름을 알고서 언어 교육의 변화를 살펴본다면 읽기 교육의 변화를 쉽게 이해할 수 있다. 여기에서는 Brown, H.D.(2001)에서 정리하고 있는 제2언어 습득의 연구 흐름과 사상을 확인한다.[6]

2.1 기술문법: 구조주의와 행동주의

1900년대 초기에는 구조 또는 기술 언어학파는 인간 언어의 관찰을 통한 과학적 원리를 엄격히 적용하는 데 충실하여, 반드시 "명백하게 외면적으로 관찰되는 반응들"만이 연구의 대상이 되었다. 기술문법에서 가장 중요한 원칙은 "언어들은 서로 다르며, 그 차이는 무한할 수 있는데" 어떠한 선입관도 언어학적 기술에 게재되어서는 안 된다는 것이었다. 기술문법에서 기본적으로 중요한 전제는 언어는 작은 단위들로 분해될 수 있으며 이 단위를 과학적으로 기술, 대조하고 다시 합하면 전체 언어를 형성하게 된다는 것이었다.

1950년대까지 행동주의 심리학자들 또한 명백하게 관찰되는 반응, 즉 객관적으로 인식되고 기록되고 측정되는 반응에 중점을 두었다. 직관이나 의식과 같은 개념들은 탐구할 가치가 없는 영역, 즉 정신주의적인 것으로 간주하였다. 따라서 의식, 사고, 개념 형성, 지식 습득 등은 연구 대상에서 배제되었다.

---

[6] Brown, H.D.(2001:9-15).

2.1 변형생성문법: 이성주의와 인지 심리학

변형생성 문법에서는 인간 언어가 관찰할 수 있는 자극과 반응 또는 현장 언어학자들이 수집한 그대로의 자료를 이용해서는 간단히 조사될 수 없으며, 언어 연구는 언어의 기술적 타당성뿐 아니라 설명적 타당성을 확보해야 하는 것으로 보았다. 생성 언어학자들은 언어 수행, 즉 표면에 명백하게 나타난 언어에 몰두한 기술문법의 전통에서 벗어났다. 변형·생성문법에서는 명백하게 관찰할 수 있는 언어의 측면(언어 수행)과 언어 수행을 생성시키는 의미와 사고라는 기저 단계(언어 능력)의 중요한 차이점을 파악하고 '보이지 않는 언어 능력'을 기술하고자 하였다.

이와 비슷하게 인지 심리학자들도 의미, 이해, 인식이 심리학적 연구의 중요한 자료라고 주장하였다. 인지주의에서는 기계적인 자극-반응 연결에 집중하기보다 조직과 기능의 심리학적 원리를 발견하고자 노력하였다.

변형생성 언어학과 인지 심리학은 이성주의적인 접근법을 통해 인간 행동의 저변에 있는 동기와 심층 구조들을 발견하려고 노력하였다. 이들은 행동주의자들의 엄격한 경험주의 학풍과 기술 단계에서 벗어나 인간의 행동을 설명하기 위해서 논리, 이유, 추론 등의 도구를 사용하여 설명 가능한 단계를 밝혀내고자 하였다.

2.3 기능문법과 담화 분석: 구성주의

구성주의자들은 개개인이 자기 나름대로 현실에 대한 시각을 구축해 나간다는 사실을 가장 강조했다는 점에서 이성주의자·생득주의자 및 인지주의자들의 관점을 다소 뛰어넘었다. 제1언어 및 제2언어 습득 연구자들은 대화상의 담화, 학습에서의 사회 문화적 요소들, 상호작용주의자의 이론에 관한 연구를 통해서 구성주의적 관점을 증명해 왔다. 이를 정리하면

아래와 같다.[7]

<표 1> 제2언어 습득과 관련된 연구 흐름

주요 교육 이론	주요 시기	연구 대상	특징
행동주의	1940년대와 1950년대	명백하게 외면적으로 관찰되는 반응들	기록될 수 있고 측정될 수 있는 반응에 중점
인지 심리학	1960년대와 1970년대	보이지 않는 언어 능력	언어의 기술성 타당성뿐만 아니라 설명적 타당성 확보 이해, 의미, 인식 등이 자료가 됨
구성주의	1980년대부터 지금까지	개개인이 나름대로 현실에 대한 시각을 구축 개별화, 경계 허물기	담화 분석, 학습에서 사회 문화적 요소 중시

어떤 텍스트 하나를 읽고 이해하는 데 '문법 번역식 → 하향식 → 상호작용식'으로 전개되어 온 역사적인 흐름을 살펴보았다. 이는 발전적인 흐름이 아닐 수 없다. 그러나 한편 최근의 주요 논의인 '상호작용 모형'이 읽기 모형으로 항상 최선이라고 볼 수 없다. 읽기 모형의 선택은 교실 상황에 따라서 달라져야 한다. 읽기 교수 모형의 선정은 교사의 안목에 의해 좌우된다.

텍스트 하나를 이해하기 위해서 언어적 요인과 사회 문화적인 요인이 모두 영향을 미치듯이 특히 초급의 읽기 텍스트에는 언어적 요인에 중점을 둔 상향식 모형이 더 유용할 수 있다. 문형 구조와 발음 등을 정확하게 학습할 수 있는 문법 번역 수업이 적합할 수도 있다는 점을 염두에 두어야 한다.

3. 읽기 교육의 변천

언어학과 심리학적 연구의 흐름은 언어 교수의 방법적 역사를 담고 있다. 이 속에서 읽기 교육은 어떤 식으로 변해 왔는지 가늠해 보자. 문법 규

---

[7] 이 표는 간단히 도식화하였기에 오류의 가능성이 있다. 언어 습득의 측면을 강조하기 위한 표이다.

칙에 초점을 맞추고, 어휘와 격변화, 어형 변화를 암기하고, 글을 번역하고 쓰기 연습을 하면서 라틴어를 가르치던 고전적 교수법이 19세기에 이르러 문법 번역 교수법(Grammar Translation Method)으로 알려지게 되었다. 문법 번역 교수법은 말하기를 가르친다거나 음성을 통한 의사소통을 배운다는 생각은 거의 하지 않고 제2언어 습득이나 읽기 능력 습득에 관한 연구가 뒷받침되지 않은 상태에서 다른 일반적인 기술 교육 차원으로 외국어를 가르쳤다.[8]

문법 번역 교수법 시기에 읽기 교육은 해석 중심의 읽기 교육이 강조되었다. 문학 작품을 읽거나 서류 등을 해석하는 역할을 주로 수행했다. 읽기를 구두 언어 지도를 위해 부수적으로 강조하는 수준이었다. 읽기 교육은 철자와 단어를 익히고 구, 절, 문장 순으로 단위를 확장해 가면서 언어를 정확하게 이해하도록 지도하는 것이었다.

1960년대 후반에 시작하여 1970년대에 주목을 받은 인지 심리학에 근거한 읽기 교육에서는 읽기를 텍스트 이해를 위해 단순히 글자나 단어의 의미를 수집하는 과정이 아니라 인지 심리학적인 선택 과정으로 보았다. 이 과정에서 중요한 개념으로 부각된 것이 '스키마'이며, 독자의 역할을 강조하는 하향식 모형 관점이 나오게 된다.

1980년대에 들어서는 상호작용 모형이 대두되었다. 상호작용 모형에서는 읽기를 글과 독자가 만나는 행위로 보고 읽기를 텍스트의 문자 해독과 독자의 스키마 활용이 끊임없이 상호 영향을 미치는 과정으로 보며 텍스트와 독자가 상호 보완하는 관계에 있는 것으로 파악한다.

읽기 교육의 흐름에서 볼 때 현재의 읽기 교육은 학습자가 자신의 배경지식을 이용하면서 텍스트의 내용을 이해하도록 돕는 것으로 파악할 수 있다. 교사는 학습자들에게 글을 읽는 목적을 명확히 밝혀 주어야 한다. 스키마를 활성화하기 위해서다. 그리고 사전 찾기 활동 등을 통해 개념적인 준

---

[8] Brown,H.D.(2001:21) 참조

비를 하도록 도와야 한다. 읽기 교육을 제대로 수행하기 위해서 교사는 학습자에게 효과적인 읽기 전략을 통해 글을 읽는 방법을 제시해 주는 데에 보다 중점을 두어야 한다.

QUIZ

문제 1 읽기와 듣기를 '이해 영역'이라고 한다면 읽기와 쓰기의 공통으로 묶을 수 있는 말은?

보기
① 구어
② 글말
③ 표현
④ 독자

해설 읽기는 쓰기와 같이 문어(文語)에 해당한다.

문제 2 읽기 교육과 관련된 기술 중 잘못된 것은?

보기
① 읽기 교육은 학습자의 문어 이해 능력과 관련된다.
② 문법 번역식 시기의 읽기 교육은 독해 중심 교육이었다.
③ 외국어 읽기 교육은 모국어 읽기 교육과 별개의 영역이다.
④ 효율적인 읽기 교육을 위해 다른 언어 기능들과의 상호작용을 고려한다.

해설 모국어 읽기 연구는 외국어 읽기 연구의 밑바탕으로 활용될 수 있다.

문제 3 다음 중 읽기의 특성으로 보기 어려운 것은?

보기
① 같은 텍스트는 늘 같은 읽기 방식으로 읽힌다.
② 어디에서 읽느냐에 따라서 읽기의 목적은 달라질 수 있다.
③ 읽기 과정은 명백하게 외면적으로 관찰되는 반응이 아니다.
④ 읽기에서 독자의 배경지식이 새로운 의미를 창출할 수 있다.

해설 읽기는 능동적인 활동이다.

정답 ② ③ ①

정리해 봅시다

① 읽기 교육은 인접 학문(언어학, 인지 심리학)과의 연계성 안에서 변화 과정을 이해할 수 있으며 다양하고 역동적인 전략들을 찾을 수 있다.

② 읽기는 '글이 제시하고 있는 정보와 독자 자신의 배경지식을 결합하여 글 전체의 의미를 구성하는 의미 있는 정보를 얻고 처리하는 과정'이라고 할 수 있다.

③ 읽기는 능동적이고도 적극적인 이해 영역으로 인식되어야 한다.

④ 읽기의 특성을 잘 이해해야 읽기 교육의 목표와 내용을 제대로 설정할 수 있다.

02장

읽기 교육의 목표

들어가며

학습목표

1. 읽기 교육의 목표를 세울 수 있다.
2. 읽기에 영향을 미치는 요인을 분석할 수 있다.

학습목차

1. 읽기 교육의 목표 설정
2. 읽기 교육의 내용과 범위

미리 볼까요?

OX 문제

➜ 읽기 교육은 철자와 단어를 익히고 구, 절, 문장 순으로 단위를 확장해 가면서 언어를 정확하게 이해하도록 지도할 수 있게 목표를 설정해야 한다.

정답

해설

➜ 위의 정의는 문법 번역식 교육에서의 읽기다. 현재의 읽기는 언어학, 인지 심리학 발달에 영향을 받아 독자의 역할이 강조되고 있다.

1.
읽기 교육의 목표 설정

  일반적으로 모든 일의 추진에서 빠질 수 없는 것이 목표 설정이다. 목표를 세우는 것은 방향을 잡는 것이며 그에 따라서 하부의 조직과 전략의 형태가 달라진다.

  읽기 교육에서도 목표를 세움으로써 다양한 읽기 이론 속에서 방향성을 제시하고, 수많은 읽기 자료 중에서 이 수업에서 활용할 읽기 자료의 내용을 선정하고 조직하며, 유용한 읽기 전략을 세울 수 있게 된다. 읽기 교육의 목표 설정은 읽기의 방향성 제시, 내용 선정과 조직, 유용한 읽기 전략 수립을 위해서 필수적이다.

1. 학습 목적에 따른 읽기 교육의 목표

  읽기의 역사와 개념을 살펴보는 과정에서 확인했듯이 읽기에 대한 논의가 다양하고 읽기에 접근 방법이 여러 가지다. 마찬가지로 읽기 교육의 목표를 수립하는 것에서도 여러 논의가 있을 수밖에 없다.

  범박하게 말해 읽기 교육의 최종 목표를 의사소통 능력의 향상으로 볼 수 있다. 한국어 교육의 궁극적인 목표와 읽기 교육의 목표를 동일하게 설정하는 경우다. 그러면서 최종 목표 달성을 위한 하위 목표를 두 가지로 나눈다. 목표가 지나치게 크게 접근이 어려워질 수 있기 때문이다. 1차 목표는 학습자의 일반적인 언어 능력 향상(어휘, 문법 등)으로 설정하고 다시 2차 목표는 학습자 중심 읽기 교육으로 볼 수 있다.

이와는 달리 읽기 교육의 궁극적 목표를 의사소통 능력이 아닌 '독해력 신장'에 둘 수 있다. 이때 학습자는 세부적인 단문을 즉각적으로 이해할 수 있어야 한다. 이해한 내용을 요약할 수 있어야 하며, 모르는 어구는 스스로 사전을 찾아서 이해해야 한다. 이러한 방향은 문법 번역식 교수법에서 주장하는 읽기 교육과 가까워 보인다. 어쨌든 읽기의 목표는 단순히 읽고 이해하는 수준을 넘어서 대상 자료의 타당성과 읽기를 통해 얻은 정보의 활용 방안까지 이해하는 수준까지 나가야 한다.

이를 합쳐서 저자의 의도를 정확하게 이해하기 위해 담화로서 글을 이해하는 능력, 언어가 사용되는 실제 상황을 이해하는 능력이 중시되고 유창한 독해력, 의사소통적 읽기 능력을 기르는 방안에 초점을 맞추는 것이 읽기 교육 목표의 흐름이라고 지적하기도 한다. 다시 말해서 유창하고 정확하게 필요로 하는 내용을 파악할 수 있는 능력을 길러 주는 것, 한국어 형태와 담화 구조에 대한 지식을 확장하여 의사소통을 원활하게 만들고 읽은 내용을 이해하는 데 도움을 주는 것, 한국 문화 내용, 인류 보편적 가치, 지식 등에 관련된 정보를 습득하는 것을 읽기 과제의 목표로 설정할 수 있다. 이렇게 하면 한국 관련 사실들, 전반적인 지식 학습, 문화 습득, 읽기 방법 학습까지 읽기 교육의 목표 안에 담아진다.

읽기 교육의 목표에 대한 논쟁은 1) 의사소통의 기능, 2) 유창한 독해의 기능, 3) 맥락에 맞는 적절한 언어 사용 기능, 4) 즐거움이나 지식 및 문화 정보 습득의 기능으로 모인다.

2. 숙달도에 따른 읽기 교육의 목표

2.1 유창성

읽기 교육의 일반적인 목표를 의사소통, 유창성, 맥락 학습, 정보 습득이라고 할 때 핵심적인 학습 중의 하나는 유창성이다. 읽기 학습에서 유창성은 학습자의 발달 단계를 나누는 기준이 된다. 유창성은 가능한 한 신속하게 읽되 이해가 뒤따르는 독해라고 할 수 있다. 유창성은 속독과도 관련된다.

읽기 교수학습의 궁극적 목적을 유창한 읽기 능력, 즉 속독 능력의 획득으로 하기 때문에 주어진 읽기 자료 안의 정보를 모두 받아들일 필요는 없고 그럴 수도 없다. 따라서 고급 단계의 한국어 읽기 교육의 목표는 정확한 읽기 능력을 기르는 것뿐 아니라 주어진 글을 빠른 시간 동안에 최대한 정확히 파악하는 능력을 길러 주어 읽기의 유창성으로 볼 수 있다. 강현화·원미진(2017:193)에서는 읽기 유창성(Grabe, 2009)을 결정하는 핵심 요인으로 '단어 읽기 효율(word-reading efficiency)', '어휘 발달(vocabulary development)', '텍스트의 읽기 용이성(text-reading ease)', '독해력 및 읽기 전략', 그리고 '표현력'이라고 하였다. 읽기 목표는 읽기 속도와 관련하여 논의할 수도 있고 학습자의 읽기 단계와 관련하여 논의할 수도 있다.

읽기 지도에서 목표를 상정하는 일은 중요하다. 목표 중심 읽기는 읽기 능력을 향상하게 하는 좋은 방법이다. 그러나 읽기 목표는 읽기에 영향을 미치는 변인들을 살펴서 새롭게 조정되어야 한다. 한국어 교사는 위에서 논의된 읽기 목표들을 토대로 하여 자신의 읽기 수업에 맞는 '조정된 읽기 목표'를 세울 줄 알아야 한다.

예를 들어 '학습 목표: 안내문이나 광고문을 보고 유용한 정보를 습득할 수 있다(초급)'라면 학과 게시판이나 온라인 게시판에서 아르바이트 구인 광고, 자취방 있음, 수강 정정 기간 등의 읽기 자료를 선별하여 제시하고 그 제시된 자료에서 읽기 전략을 써서 빠르게 필요한 정보를 찾아올 수 있도록 훈련해야 한다. 이때 활용할 수 있는 읽기 전략은 훑어 읽기(skimming)과 찾아 읽기(scanning) 등이 가능하다. 훑어 읽기는 전체를 파악할 수 있고 찾아 읽기는 자신에게 필요한 정보를 추출할 수 있는 전략이다.

훑어 읽기(scanning)와 찾아 읽기(skimming)에 대해 보충하면, 우선 '찾아 읽기'를 '빠르게 읽기' 혹은 '건너 뛰며 읽기'라고 번역하기도 한다. 강현화·원미진(2017:195)에는 스캐닝과 스키밍의 차이를 예를 들어 설명하였다. 이해를 돕기 위해서 인용하면 다음과 같다. "한국의 역사에 대한 책을 읽은 다음에 한참 뒤에 기억이 나지 않는 사건이 있어서 그 부분을 다시 읽고 싶다면 처음에 우리는 그 사건이 일어났던 부분의 문맥을 기억해 보려고 노력할 것이다. 그리고 가장 적절하다고 생각되는 페이지를 찾기 위해 그 근처의 페이지들을 쭉 스키밍을 할 것이고, 알맞은 정보가 있는 그 페이지를 스캐닝을 한다. 스키밍과 스캐닝은 모두 빠른 속도로 1분당 많은 단어를 읽는 과정으로 진행되는데, 스캐닝(정한 그림 형식을 알아차릴 수 있는)이 한 눈에 훑어서 파악하는 것이라면 스키밍(텍스트를 단순하고 빠르게 이해하는)은 텍스트를 뛰어넘어 가면서 빠르게 파악하는 것이다."라고 설명하였다.

같은 학습 목표인데 학습자가 고급이라면 읽기 활동은 〈리포트 쓰기〉 등의 과제 중심형 수업을 이끌어갈 수 있다. 예를 들어, 리포트의 대주제(가주제)가 '환경'이라면 소주제(참주제)로 "GMO의 개념과 특징"으로 상정될 수 있다. 이럴 때 필수 어휘는 생명 윤리, 유전자 조작, 황우석 박사, 배아 등이 거론될 것이고 마찬가지로 훑어 읽기와 찾아 읽기 전략을 활용하여 과제를 해결할 수 있게 된다.

2.2 발달 단계

읽기 목표를 세우고 나서 실제 읽기 교육을 실행할 때, 읽은 후의 결과에만 치중해서는 안 된다. 목표에 도달할 때까지의 읽기 과정에 세심한 주의를 기울일 수 있어야 한다. 이를 위해서 읽기 발달 과정에 따라서 단계별로 목표를 세우고, 각각의 수준에 맞는 읽기 교육 방안을 제시하려는 여러 노력이 있었다.

한국어 표준 교육과정이 문화체육관광부고시로 발표되었다.[1] 한국어 표준 교육과정의 내용 체계는 주제(의사소통의 내용), 기능(의사소통의 기능), 맥락(의사소통이 이루어지는 상황), 기술 및 전략(의사소통 수행의 세부 방식), 텍스트(내용이 담긴 형식과 구조), 언어지식(언어 재료)의 6가지 요소로 구성되어 있다. 언어 4개의 기능의 총괄 목표에 이어 읽기 교육의 목표와 성위기준을 제시하면 다음과 같다.

<표 2> 등급별·언어기술별 읽기 성취기준

구분		읽 기
1급	목표	일상에서 자주 접하는 짧은 글을 이해할 수 있으며, 단순한 정보의 이해나 교환 등 기초적인 의사소통 기능을 수행할 수 있다.
	성취 기준	일상적이고 구체적인 소재에 대한 글을 읽고 이해할 수 있다. 개인적인 상황에서 사용되는 글을 읽고 이해할 수 있다. 읽은 내용을 대체로 이해하고 간단한 정보를 확인할 수 있다. 짧은 생활문이나 간단한 안내 표지, 간판 등을 읽을 수 있다. 발음과 표기가 다를 수 있음을 알고 기초 어휘와 짧은 문장을 바르게 읽을 수 있다.
2급	목표	주변에서 접하게 되는 공적 상황에서의 글을 이해할 수 있으며, 메시지의 이해나 교환 등의 의사소통 기능을 수행할 수 있다.
	성취 기준	경험적이고 생활적인 소재에 대한 글을 읽고 이해할 수 있다. 일상에서 흔히 접하는 공적인 글을 읽고 이해할 수 있다. 읽은 내용을 전반적으로 이해하고 필요한 정보를 파악할 수 있다. 안내문, 메모 등과 같은 단순한 구조의 실용문이나 생활문을 읽을 수 있다. 구조가 단순한 문장으로 구성된 글을 읽고 이해할 수 있다.

---

[1] 문화체육관광부고시 제2020-54호(2020.11.27.) 한국어 표준 교육과정은 제1조 목적과 제2조 표준 교육과정을 정하여 발표하였다.

구분		읽 기
3급	목표	자신의 삶과 관련된 사회적 소재의 글을 이해할 수 있으며, 필자의 생각을 이해하고 정보를 교류하는 등의 의사소통 기능을 수행할 수 있다.
	성취 기준	친숙한 사회적 주제에 관한 글을 읽고 이해할 수 있다. 불특정 다수나 사회적 맥락의 독자를 대상으로 한 격식적인 글을 읽고 이해할 수 있다. 글의 핵심 내용을 이해하고 세부 정보를 파악할 수 있다. 다양한 종류의 실용문이나 복잡한 구조의 생활문, 단순한 구조의 설명문을 읽을 수 있다. 다소 복잡한 구조의 문장이 포함된 글을 읽고 이해할 수 있다.
4급	목표	평소에 관심이 있는 사회적·추상적 주제에 대한 글을 이해할 수 있으며, 필자의 생각이나 의도를 이해하는 등의 의사소통 기능을 수행할 수 있다.
	성취 기준	친숙한 사회적·추상적 주제에 관한 글을 읽고 정확하게 이해할 수 있다. 익숙한 업무 상황에서 사용되는 격식적인 글을 읽고 이해할 수 있다. 글의 주요 내용과 글의 목적을 파악하며 이해할 수 있다. 복잡한 구조의 설명문이나 단순한 구조의 논설문, 비교적 쉽고 길이가 짧은 문학작품을 읽을 수 있다. 비교, 대조, 나열 등의 전개 방식을 파악하여 복잡한 구조의 문장이 포함된 글을 이해할 수 있다.
5급	목표	사회적이거나 일부 전문적인 내용의 글을 이해할 수 있으며, 의견이나 주장에 대한 이해와 공유 등의 의사소통 기능을 수행할 수 있다.
	성취 기준	사회 전반에 대한 주제나 자신의 전문 분야에 관한 글을 읽고 이해할 수 있다. 업무나 학업 맥락에서 사용되는 격식적인 글을 읽고 이해할 수 있다. 글의 논리적 흐름을 파악하고 핵심 내용과 세부 내용을 구분하여 이해할 수 있다. 복잡한 구조의 논설문, 길이가 짧고 전개 구조가 단순한 문학작품을 읽을 수 있다. 문단에서 활용된 정의, 인용, 부연, 분석 등 다양한 전개 방식을 파악하여 글을 이해할 수 있다.
6급	목표	전문적이거나 학술적인 소재의 글을 이해할 수 있으며, 필자의 의견을 논리적으로 이해하고 판단하는 등의 의사소통 기능을 수행할 수 있다.
	성취 기준	사회·문화적 특수성이 드러나는 소재나 전문 분야의 글을 읽고 이해할 수 있다. 전문적이거나 학술적인 상황에서 사용되는 격식적인 글을 읽고 이해할 수 있다. 글의 논리적 의미 관계를 파악하고 필자의 의도를 추론하여 글을 이해할 수 있다. 평론, 보고서, 논문 등의 논리적 구조와 형식을 갖춘 글, 복잡하지 않은 구조의 문학작품을 읽을 수 있다. 비유나 함축과 같은 문학적 표현과 다양한 수사법에 대한 이해를 바탕으로 글을 이해할 수 있다.

한국어 교육과정의 읽기 목표는 법력으로 발달 단계를 고려하여 책정되었다.

Rivers(1968)의 단계별 읽기 목표를 참조해 보고자 한다. Rivers(1968)는

1, 2단계는 독해를 위한 기초 학습으로 의미 있게, 3단계, 4단계는 실제 수업에서 중요하게 다루어야 한다면서

① 1단계 : 문자와 소리의 관계를 이해하고 글자를 소리 내어 읽는 단계
② 2단계 : 소리 내어 읽되 구조를 재결합하고 문자를 바꿔도 어느 정도 친숙하게 읽는 단계
③ 3단계 : 본격적으로 읽기 기술을 습득하기 시작하는 단계
④ 4단계 : 교사의 지도에 따라 정확한 읽기와 유창한 읽기를 연습하는 단계
⑤ 5단계 : 4단계 연습을 확장하는 단계
⑥ 6단계 : 다른 사람의 도움 없이 자율적으로 독해할 수 있는 단계

라고 설득력 있는 주장을 펼쳤다. 이와 달리 3단계 혹은 4단계로 발달 단계를 나누기도 한다. 먼저 네 단계로 나눈 경우는 주옥파(2004)에서는 정기철(2000)이고 Scholars는 3단계로 나누었다. 정기철의 3단계와 4단계를 합한 것이 Scholars의 마지막 단계와 대응된다고 볼 수 있다.[2]

4단계 발달 과정(정기철, 2000)

① 사실적 읽기 : 글 속의 이야기를 있는 그대로 읽는 단계
② 추리 상상하며 읽기 : 문맥 속에 숨어 있는 의도를 상상 추론하며 읽는 단계
③ 비판적으로 읽기 : 자기 체험과 지식을 동원하여 글쓴이와 독자의 생각을 비교하며 읽는 단계
④ 글쓴이와 창조적 대화 단계 : 글쓴이 생각과 독자의 생각을 종합하여 새로

---

[2] 이밖에 2단계로 나눈 경우는 허용 외(2005)이다. '① 초급 : 유창한 독해력이 아니라 문자에 소리를 붙이는 연습을 목표로 삼고, 낭독을 통한 발음 연습, 말하기 능력 보완, 표음 문자로서의 한국어 음가 익히기에 주력. 가장 일상적이고 명확한 어휘 제시. ② 중·고급 : 문화적인 차이 극복을 읽기 교육의 중요한 요소로 삼고, 길고 차원 높은 텍스트 요약, 묵독을 통한 의미 파악, 접속사, 관용어 지도'로 초급과 중고급으로 나누었다.

운 생각을 창출하는 단계

> **3단계 발달 과정(Scholars)**
> ① 독서 단계 : 텍스트에 대해 대체로 무의식적인 지식에 따라 수용적으로 해독
> ② 해석 단계 : 독서 중에 발생하는 대립과 함축을 의식적으로 주체화
> ③ 비평 단계 : 특정한 집단이나 계급의 가치를 중심으로 대립적으로 비판

<표 3> 발달 단계별 읽기 교육의 목표

단계	Rivers	정기철	Scholars	프라이 (N. Frye)[3]	허용 외
1	소리 내어 읽기	사실적 읽기	독서	기억력 (보강, 보수)	초급
2	구조 재결합과 문자 교체				
3	읽기 기술 습득	추리 상상하며 읽기	해석	분별력 (원리, 급진)	중급·고급
4	유창성				
5	확장	비판적으로 읽기&창조적 대화	비평	상상력 (탐구, 발달)	
6	자율 독해				

3. 읽기 교육 목표의 확장

제2언어 읽기 교육은 텍스트를 학습 내용으로 한다. 철학이 담긴 텍스트는 목표 언어 학습자의 내적 성숙을 담보한다. 따라서 한국어 읽기를 통해 성장한 학습자는 한국어 읽기의 방법을 통하여 다른 언어 읽기에 자신감을 가질 수 있도록 안내될 수 있다.

적절하게 구성된 한국어 읽기 자료는 제2언어 학습자에게 한국에 대한 호감을 높이고 한국과 한국 문화에 대한 친밀감을 생성시킬 수 있다. 읽기 교육은 잠재적이고 질적인 측면에서 교육 목표의 확장 국면을 마련할 수 있다.

---

3 Northrop Frye ect.(1970), *The Aims and Methods of Scholarship in Modern Language and Literatures*, Modern Language association America.(김인환 역 (1978), 문학교육, 『문학의 해석』, 홍성사.)

2. 읽기 교육의 내용과 범위

2020년 문화체육관광부 고시 〈한국어 표준 교육과정〉[4]에는 한국어 교육의 내용과 범위를 아래와 같이 안내한다.

<표 4> 내용 체계의 구성 요소

구성 요소		내용
주제	의사소통의 내용	– 생각이나 활동을 이끌어 가는 중심이 되는 문제이자 내용 – 말이나 글의 중심이 되는 화제 – 개인 신상, 대인 관계, 여가, 교육 등
기능	의사소통의 기능	– 언어 형태를 기반으로 의사소통을 수행할 수 있도록 하는 것 – 의사소통을 통해 수행하고자 하는 일 – 설명하기, 비교하기, 동의하기 등
맥락	의사소통이 이루어지는 상황	– 언어기술이 실제로 사용되는 상황 – 시공간적 배경, 담화 참여자의 역할 또는 관계 – 격식 수준, 구어·문어 차이, 높임법 수준 등

---

[4] 국립국어원(2020). 『한국어 표준 교육과정(문화체육관광부고시 제2020-54호(2020.11.27.)전문』. 참조.

구성 요소		내용
기술 및 전략	의사소통 수행의 세부 방식	- 언어기술이 구현되는 데에 필요한 구체적인 기술과 전략 - 의사소통 문제 해결을 위해 목적을 가지고 실현되는 활동, 의사소통의 효율성을 높이기 위해 사용하는 기법이나 장치 - 듣기, 말하기, 읽기, 쓰기의 하위 기술과 전략
텍스트	내용이 담긴 형식과 구조	- 문장보다 큰 문법 단위로 문장이 모여서 이루어진 한 덩어리의 말이나 글 - 말이나 글의 유형·종류 및 그것의 형식과 구조 - 대화, 독백, 설명문, 논설문 등
언어지식	언어 재료	- 생각(내용)을 언어로 구현시키는 언어의 형태 - 한국어의 형태적, 통사적, 음운적 특성 - 의사소통 기능을 수행하는 데에 필요한 언어 재료인 어휘, 문법, 발음 등

이 여섯 가지의 요소가 분리되지 않는다. 다 같이 언어 수행 과정에 작용한다. 그러함에도 불구하고 읽기 교육에서 가장 중요한 것이 텍스트(읽기 자료)다. '내용이 담긴 형식'이며, '문장이나 큰 문법 단위로 문장이 모여서 이루어진 한 덩어리의 글'이 텍스트의 내용이라고 밝혀 적었다.

그밖에 다른 요인들이 작용할 수 있다. 예를 들면 학습자의 배경지식이나 흥미에 따라 읽기 수행은 달라질 수 있다. 그런 것들을 정리해 보아야 한다. 읽기 교육에서 학습자에게 영향을 미치는 요인을 알고 학습자의 실태를 파악하는 것은 개별 교육 현장에서 교육 목표를 세우기 위해서 선행되기 때문이다.

읽기 교육의 주요 내용이면서 읽기에 가장 강력한 영향을 미치는 텍스트는 좀 더 세분해서 살펴볼 수 있다. 교사가 학습자의 읽기 수행과 텍스트 요인들을 명확하게 파악하고 있으면 학습자의 읽기를 이해 가능하게 만들기 쉽다. 여기서는 Carter(1953)와 Eskey(1975)를 주로 살펴보려고 한다.

연구자들은 읽기에 영향을 미치는 요인을 3가지로 구분하여 제시한 바 있다. 먼저 Carter(1953)는 주체 요인, 외부 요인, 지도 요인을 읽기에 영향을 미치는 요인으로 제시한다. 주체 요인은 학습자의 상황을 점검한 것이고 외부 요인에 텍스트가 포함된다.

- 주체 요인 : 읽는 사람의 능력, 읽기의 욕구, 생리적·심리적 상태, 태도, 경험, 취미
- 외부 요인 : 환경으로부터 오는 물리적·심리적 조건, 읽기 자료의 종류와 내용, 문체
- 지도 요인 : 교사의 능력이나 지도 방법

Carter(1953)가 제시한 세 요인은 광범위하게 읽기에 작용하는 요인들을 분류했다. 반면 Eskey(1975)는 텍스트 내적 요인에 집중하여 1) 어휘 문제, 2) 내용 문제(문화적 배경 등), 3) 구조 문제(문장 관련)를 거론하였다. 학습자의 읽기 부진을 극복하기 위해서 이러한 세 요인을 해결했더니 읽기가 가능해졌다고 밝혔다.

주체 요인은 다른 말로 '독자 내적인 요인'이 될 수 있다. '독자 외적인 요인'은 텍스트 요인인 외부 요인에 대응된다. 최정순(1999)은 '요인'이라는 말 대신 '변인'이라고 하여 여러 가지 요인들에 의해서 읽기 수행이 달라짐을 강조했다. 또한 '이독성(readability)'의 개념을 활용하여 텍스트 변인의 내용과 형식을 구분하여 설명하였다.

- 독자 내적인 변인 : 읽기에 대한 독자의 태도, 글을 읽는 목적, 글에 대한 흥미, 일반 지능, 배경지식, 언어 능력, 독해 기능
- 독자 외적인 변인 : 이독성(易讀性, readability- '문장 이해 가능성'과도 일맥상통하는데, 학습 자료의 속성에 따라 읽기를 얼마나 쉽게 이해할 수 있는지에 대한 정도를 의미하는 개념)
    - 내용 측면 : 주제, 어휘
    - 형식 측면 : 문장의 길이와 복잡성, 문장 상호 간의 연결, 문단 구조 및 배열

- 학습 환경 및 외부 보상, 교사와 학습자 간의 상호작용, 교사의 태도, 학습자 간의 상호 작용, 모국어 간섭 현상

이처럼 읽기 교육의 주요 내용은 읽기 교육의 매개체가 되는 텍스트를 중심으로 했을 때 텍스트와 텍스트 외적인 것으로 크게 나눠질 수 있다. 텍스트 외적인 것은 학습자와 교수자, 환경 요인이라고 할 수 있는데, 이 요인들은 일괄적으로 통제하고 제어할 수 있는 부분이 아니며, 조사하고 연구하는 데도 많은 한계가 따르는 부분이다. 이러한 이유로 결국은 여러 논의가 읽기 자료에 치중하여 읽기 교육의 효율적으로 할 수 있는 방안을 내놓고 있다. 따라서 읽기 자료에 대한 논의는 빼놓을 수 없다. 여기서는 먼저 텍스트 외적 요인 중 읽기에 영향을 미치는 '스키마'에 대해서 살펴본 후 읽기 자료에 대하여 알아보고자 한다.

1. 스키마

스키마란 인간의 기억 속에 있는 인지적 구조를 의미한다. 스키마는 새로운 정보가 들어올 때 그 정보를 기존의 정보와 연관시키는 역할을 하는데, 독자가 가진 사전 지식을 선행 지식 구조로 형상화한다.

1.1 내용 스키마(Contents Schemata)

내용 스키마란 글의 내용과 주제, 문화적 배경에 대한 스키마를 의미한다. 선행 지식은 새로운 정보를 기존 지식과 연결하는데, 독자가 잘 알고 있는 분야나 주제의 글은 주어진 어휘나 문장 구조가 좀 어려워도 글의 내용을 쉽게 추측하거나 파악할 수 있지만, 새로운 분야나 주제의 글은 어휘나 문장 구조가 쉽더라도 개념 파악이나 내용 이해가 어렵다.

이러한 사실을 볼 때, 교수자는 읽기 수업을 설계하면서 학습자가 가진

스키마를 활성화하여 활용하도록 도와주거나 적절하고 관련된 배경지식을 가질 수 있도록 주의를 기울이는 것이 필요하다.

1.2 형식 스키마(Formal Schemata)

형식 스키마란 글의 구조에 대한 스키마를 의미한다. 글의 구조에 대한 지식은 이해를 촉진하도록 하며 글의 종류에 따라서 읽는 방법도 달라지기 때문에 글의 구조에 대한 지식은 전략적인 읽기를 가능하게 한다. 글의 전체적인 구조뿐만 아니라 수사 구조나 담화 표지어에 대한 지식도 글의 내용을 이해하는 데 도움을 준다.

이처럼 머릿속에 있는 배경지식을 일컫는 스키마는 텍스트 이해에 깊이 관여하는 것으로 알려져 있다. 스키마에 대해서 이해하기 위해서 이 예시[5]를 잘 살펴보면 도움이 될 수 있다.

스키마 학습을 위한 예시

15세의 한 소년이 학급 친구들의 놀림을 받을지도 모르는데, 어느 날 용기를 내어 교내 합창단원 모집 시험에 응시했다. 오디션을 치르느라 그다음 수업 시간에 15분 늦게 되었다. 손에 출입허가증을 초조하게 쥔 채로, 그는 몰래 자기 자리로 가서 앉았다. 하지만 결국 들켜 버렸다.
"너, 어디 있었냐?"
라고 선생님이 소리치셨다.
갑작스러운 관심 집중으로 당황한 상태가 되어 얼굴이 빨개진 Herold는 기어서 들어가는 목소리로 대답했다. "아, 어, 저, 테너와 베이스 중간 어디쯤이었을 거예요, 선생님."

---

5 이 예시는 읽기에 영향을 미치는 요인으로서의 스키마를 이해하는 데 용이하여 인용한다. 인용은 Brown(2001), 『원리에 의한 교수』, pp. 414-415.

길지 않은 이야기다. 여기서 우리가 알 수 있는 사실들을 추려 보자. 15세의 소년은 합창단원이 되는 것을 부끄러워할 수 있다, 합창단원은 오디션을 거쳐서 선발된다, 수업 시간에 다른 곳에 가려면 출입허가증이 필요하다, 많은 사람이 갑자기 소년에게 관심을 보이면 당황하게 된다, 소년은 당황하면 얼굴이 빨개질 수 있다, 당황하면 선생님의 질문에 동문서답할 수 있다, 등등을 터득해야 이 이야기를 독해할 수 있다. 또한 합창단은 남성의 경우, 테너와 베이스 등의 파트(Part)로 나뉜다는 것도 알아야 한다. 즉 내용 스키마는 자료 안에 충분히 들어 있는 것이고, 형식 스키마는 자료 밖에서도 통용될 수 있는 내용이라고 볼 수 있다.

Contents Schemata
- 15살 된 소년들은 합창단에서 노래하는 것에 대해 창피해할지 모른다.
- 출입허가증이 있으면 학생들은 수업 시간 중에 교실 밖에 있어도 된다.
- 10대들은 종종 학급에서 혼자 지목되는 것을 부끄럽게 여긴다.
- 음역에 대한 것
- 15세 청소년들의 목소리는 보통 "갈라지는" 목소리다.

Formal Schemata
- 합창단 오디션은 놀림감이 될 수도 있었다.
- 허가증을 계속 "꼭 움켜쥐고" 있었던 것으로 보아 Herold는 선생님께 허가증을 제출하지 않았다.
- 선생님은 확실히 그가 들어오는 것을 눈치채셨다.
- 선생님의 질문은 음역에 대한 것이 아니라 장소에 대한 것이었다.

보통 한국의 읽기 교육 설명에서 '내용 스키마' 혹은 '형식 스키마'라고 하면 뭐가 내용이고 형식인지 잘 구분되지 않는다. 그러나 contents가 내용이고 formal이 형식이라고 하면 더 잘 이해할 수 있다. 실제 텍스트 속에 있는 것이 '내용'이 되고, 실제 텍스트에 들어 있지 않더라도 글의 맥락을 통해서 알아야 하는 텍스트 밖의 틀은 '형식'이 된다.

스키마는 알고 있어서 이해를 돕기도 하고 정확하게 알지 못했지만 읽기를 통해서 그럴 수도 있구나! 하면서 새롭게 알게 되기도 한다. 그래서 현대인들에게는 정독보다는 가려 뽑아 읽는 능력이 요청된다. 현대 사회는 정해진 진리가 존재한다기보다는 진리를 만들어가는 구성주의 관점의 접근이 받아들여졌기 때문이다.

지금까지 읽기 교육은 문법 번역식 교수법의 영향을 강력히 받아 왔다. 읽기 학습이라고 하면 발음 교정, 어휘 및 문법 설명, 지문 해석 등을 교정하는 교실 풍경이 떠오르는 이유가 그 때문이다. 문법 번역식 수업은 교사 중심 수업 운영이므로 학습자가 어떻게 글을 이해하는지에 대한 문제에 소홀했다. 이러한 교사 중심 읽기 학습은 학습자의 학습 동기를 촉진하거나 흥미를 유발하지 못하여 비효율적인 교육이 될 수 있다.

이러한 문제점을 극복하기 위해서 과정 중심의 읽기, 하향식·상호작용적 방식의 읽기 활동이 대두되었다. 같은 맥락에서 읽기 과정에 작용하는 스키마의 중요성이 강조된다. 읽기 교육에 작용하는 스키마의 기능은 다음과 같다.[6]

- 읽기 자료의 내용을 받아들이도록 이상적인 지적 구조 형성
- 필요한 정보의 선택적 수용
- 추론을 통한 드러나지 않는 정보 습득
- 정보 탐색의 순서와 절차 제공
- 읽은 내용의 요약과 재편집
- 새로운 정보를 기존 정보에 연결하여 일관성 있는 지식 형태로 재구성

---

[6] 읽기 활동에서 스키마의 중요성은 노명완(1994)에서 강조되었다. 여기에 제시한 스키마의 기능은 이 논의를 참조한 것이다.

이처럼 스키마는 읽기 지식을 구성하는 핵심적인 인지 활동이다.

2. 읽기 자료의 선별 기준

읽기에 영향을 미치는 요소로 '이독성(readability)', '문장 이해' 등이 중요하게 언급되면서 읽기 자료에 대한 논의들이 활발하다. 읽기 자료 선별의 문제는 단순한 것이 아니다. 간략히 넘어갈 문제도 아니며 주의 깊게 고려되어야 할 부분이다.

읽기 자료는 읽기 수업 구성에서 핵심적인 부분이라고 할 수 있다. 한국어 교사는 학습자의 읽기 수행을 돕기 위해서 읽기 자료를 평가하고 선별할 수 있는 능력을 갖추도록 노력해야 한다.

학습자의 '텍스트성'을 최대화하고 스키마 작동을 원활하게 만들기 위한 읽기 자료 선별 기준은 다음과 같다.[7]

- 화제 거리이되 논란을 일으킬 소지가 없는 읽기 자료
- 가능한 범국가적 읽기 자료
- 긍정적 내면화에 기여하는 읽기 자료
- 시대적 제약을 받지 않는 읽기 자료

이러한 기준으로 읽기 자료를 선정할 때 유의할 점이 있다. 학습 목표에 맞게 읽기 자료를 선별해야 하는 것이 중요하다. 그리고 지나친 의견이나 주장을 담은 내용을 삼가고 객관적인 내용을 담는 것이 좋다. 그밖에는 학습자를 고려해야 한다.

---

[7] 이 선별 기준은 읽기 교재 개발 논의를 참조하였다. 하채현(2015), 「한국어 읽기 교재 개발을 위한 기초 연구 및 모형 제시」, 『국어문학』 58, pp. 125-129. 이 밖에 Nutall(1996)은 읽기 텍스트 선택 시 고려할 세 가지 ① 내용의 적합성, ② 활용 가능성, ③ 가독성으로 설명하기도 하였다.

> ① 주제 적합성: 주제에 부합하는 읽기 자료인가?
> ② 객관성: 읽기 자료가 누가 봐도 적절한 내용을 담고 있는가?
> ③ 흥미: 학습자가 흥미롭게 여기는 요소를 포함하고 있는 읽기 자료인가?
> ④ 용이성: 학습자가 문제를 해결하기에 쉬운 읽기 자료인가?

여기서 '흥미 요소'란 최대한 객관적인 내용(상대주의 관점을 지닌 글)이면서 사회적 이슈를 일으키는 것이 학습자에게 흥미를 줄 것이라고 본다. 예를 들어, 논설문이라면 찬반 논란을 일으킬만한 것이겠고 설명문이라면 누구나 알고 싶은 것일 것이다. 또한 일반적으로 여러 사람이 관심을 가질 만한 소재라면 흥미 요소를 포함한 것으로 볼 수 있다. 즉, 시대를 초월한 내용이 흥미 요소와 관련이 많다고 본다. 예를 들어 심리적인 내용이나 과학적인 내용이 그러하다. 시대적 요청에 지나치게 따른 텍스트도 문제지만 시대적으로 너무 뒤떨어져 있는 텍스트도 적합하지 않다. 주제 적합성, 객관성, 흥미도, 용이성을 고려한 읽기 자료는 학습자의 사고력, 인지력, 독해력 신장을 담보할 수 있다.

학습자의 상황을 고려할 때 난이도가 먼저냐 흥미가 먼저냐를 가지고 논의할 수 있다. 정답이 있다기보다는 학습 상황에 따라 교사가 결정하면 맞을 것이다. 아이들이 좋아한다고 아이스크림이나 사탕만 계속 먹게 할 수 없다. 먹기에 난이도가 있더라도 시금치와 김치를 먹도록 안내할 수 있다. 교실 분위기를 감안하고 교실 활동에 적합해야 한다. 교사의 노하우(Skill)가 필요한 이유가 이 때문이다. 읽기 자료를 잘 선정하면 읽기 수업이 원활하기 쉽다.

한편 학습자의 나이를 고려해야 하고 류 보편적인 덕목이 담겨 있거나 현대 정서에 호소력이 강하여 학습자들이 쉽게 공감할 수 있으며 다양한 종류의 글을 읽는 것이 좋다.[8]

---

8 고급 학습자를 위한 읽기 텍스트 선정을 별도로 논의될 수 있다. 김정숙(2006)

3. 읽기 자료의 유형

선정 기준을 확인했으면 적용할 차례다. 읽기 교육 현장에서 효과적으로 사용할 수 있는 교육 자료 유형들을 살펴보자. 읽기 자료 유형은 국립국어원 보고서에 집대성되어 있다. 국립국어원(2011), 『국제 통용 한국어교육 표준 모형 개발 2단계』로 편하게 표준 모형이라고 일컫는다.

표준 모형은 읽기 자료에 대한 거시적인 정리('주제 등급화 (1), (2), pp. 21-22)를 시도했다. 표준 모형에는 텍스트의 유형과 주제를 1급부터 6급까지 모두 포괄하여 정리되어 있다. 표준 모형의 장점은 포괄 범주가 넓어서 활용한 부분이 있다는 점이다. 다만 모두 포괄하였다고 하더라도 '모두'는 최대한 '모두'라는 의미일 뿐이며 실제 현장이나 연구에서는 미시적인 접근을 다시 하여서 자신의 수업에 맞게 활용해야 한다.

여기서는 Brown(1994)과 Grellet(1981)의 유형을 살펴보는 것으로 대신하고자 한다. Brown(1994)은 '실생활에서 접하기 쉬운 문어 텍스트 유형'이라고 하여 세 유형으로 분류하였다. Grellet(1981)는 이를 가지고 세분화하여 12가지로 제시하였다. 문종(文種) 분류만을 의미하며 실제 이들 읽기 자료의 종류가 복합적으로 나타나는 경우도 많다.

Brown(1994)
- 논픽션 : 보고서, 사설, 에세이, 기사, 사전 참조 자료 등
- 픽션 : 소설, 극본, 시 등
- 서신, 축하 카드, 일기, 메모, 메시지, 공고, 신문 기사, 학문적인 글, 각종 서류 양식, 설문지, 지시문, 상표, 간판, 처방전, 조리법, 청구서, 지도, 매뉴얼,

은 '주제 면에서 고급 수준 학습자가 다룰 만한 추상적, 사회적인 주제의 글이어야 한다. / 고급 수준 학습자가 실세계에서 접하게 될 다양한 장르의 글(설명문, 논설문, 업무 보고, 전공 관계 서적 등)을 선정해야 한다. / 고급 수준에서 요구되는 다양한 기능을 수행하기 위해 쓰인 글을 선정해야 한다. / 언어적, 문화적으로 적절한 실제 자료를 선정해야 한다.'라고 제시하기도 하였다.

메뉴, 스케줄, 광고, 초대장, 목록, 연재만화 등

Grellet(1981)

- 소설, 전설, 동화, 우화, 수필, 일기, 일화, 전기 등
- 희곡, 시나리오, 방송 대본 등
- 시, 동시, 노래 가사 등
- 편지, 전보, 엽서, 메모 등
- 신문과 잡지의 글(머리기사, 기사, 편집자 주, 독자 편지, 광고, 일기 예보, 라디오나 TV 연극 프로그램 등)
- 전문적인 글, 보고서, 서평, 중수필, 직업적인 편지, 요약문, 발췌문, 주석 등
- 조리법, 사용법, 주의사항, 게임 설명서 등
- 광고, 여행 책자, 카탈로그, 안내 책자 등
- 각종 표지판, 경고문, 안내문, 법률 조례문, 지도나 도표 등의 범례, 형식문(이력서, 지원서, 출입국 확인서 등)
- 만화
- 통계, 다이어그램, 차트, 시간표, 지도 등
- 전화번호부, 각종 사전

QUIZ

문제 1 한국어 읽기 교육의 목표로 보기 어려운 것은?

보기
① 읽기 전략 탐색
② 유창한 독해
③ 맥락에 맞는 적절한 언어 사용
④ 한국 문화 정보 습득

해설 읽기를 위해서 읽기 전략이 필요하지만 읽기 전략 탐색이 읽기 교육의 목표가 되기는 어렵다.

문제 2 이독성과 관련이 없는 항목은?

보기
① 문장의 복잡성
② 담화 주제
③ 교사의 태도
④ 문단 구조

해설 이독성은 학습 자료의 속성에 따라 읽기를 얼마나 쉽게 이해할 수 있는지에 대한 정도를 의미하는 개념이다.

문제 3 Eskey(1975)가 집중한 텍스트 내적 요인이 아닌 것은?

보기
① 주체
② 어휘
③ 문화적 배경
④ 문장

해설 텍스트 내적 요인은 어휘, 내용, 문장 구조 등이다.

정답 ① ③ ①

정리해 봅시다

① 읽기 교육의 목표는 1) 의사소통의 기능, 2) 유창한 독해의 기능, 3) 맥락에 맞는 적절한 언어 사용 기능, 4) 즐거움이나 지식 및 문화 정보 습득의 기능으로 요약할 수 있다.

② 읽기 교육의 주요 내용은 읽기 교육의 매개체가 되는 텍스트를 중심으로 했을 때 텍스트와 텍스트 외적인 것(학습자와 교수자, 환경 요인)으로 크게 나눠질 수 있다.

③ 읽기 교육에 영향을 미치는 요소로 '이독성', '문장 이해' 등이 언급되면서 읽기 자료에 대한 논의들이 이루어졌는데 읽기 자료 선별의 문제는 단순하거나 간략히 넘어갈 문제가 아니며 주의 깊게 고려되어야 할 부분이다.

④ 읽기 모형의 발달과 관련하여 주로 언급되는 것이 스키마인데, 이는 텍스트 중심의 읽기 모형의 중심을 독자 중심의 읽기 모형, 상호작용 읽기 모형으로 옮겨 가도록 하였다.

⑤ 읽기 수업은 학습자가 능동적으로 활동하여 잘 이해할 수 있도록 효율적인 읽기 방법을 활용하여야 하는데, 인지 심리학의 발달로 읽기 교육에서도 독자의 인지 과정과 스키마를 중시하는 다양한 읽기 수업 방안들이 제안되고 있다.

03장

읽기 교육의 이론

들어가며

학습목표

1. 언어 교육 이론의 흐름을 이해하고 읽기 교육 이론과 연관시킬 수 있다.
2. 읽기 상향식 모형과 하향식 모형의 원리를 이해하고 교육적으로 활용할 수 있다.
3. 읽기 상호작용 모형의 원리를 이해하고 교육적으로 활용할 수 있다.

학습목차

1. 인지 심리학에 기반을 둔 읽기 교육
2. 읽기 모형

미리 볼까요?

OX 문제

➡ '하향식 모형'은 글을 읽고 이해할 때 텍스트에서 출발하지 않는다. 독자의 사고에서 시작하여 텍스트로 이동한다. 독자의 배경으로부터 출발하여 구체적인 언어 정보로 이동하는 이해 과정을 말한다. 독자 혹은 학습자는 자신의 배경지식에 기대어서 글의 의미를 능동적으로 구성한다.

정답

해설

➡ 상향식과 하향식을 구분할 수 있어야 한다.

1.
인지 심리학에 기반을 둔 읽기 교육

1. 수동적인 읽기

1960년대까지 읽기의 역할은 수동적이었다. 작가 중심이고 독자[1]는 배제되어 있었다. 이러한 읽기는 읽기의 상향식 모형(button-up models)과 연관되며 언어 능력(linguistic competence) 향상을 교육의 목적으로 한다. 교육 이론으로는 행동주의 교육학과 관련되고 언어 교수로는 문법번역식 교수법과 연관이 있다.

수동적 읽기를 강조하는 읽기 지도에서는 특히 읽기 자료(텍스트)가 중요하다. 텍스트 변인에 의하여 읽기 교육이 수행되는 것으로 본다. 독자가 가진 언어 지식 변인보다는 텍스트라는 외부적 요인을 강조한다. 외국어 학습에서 초기 수준에서 아직도 많이 활용되고 있다.

---

1 '독자'는 언어 이론의 측면에서 사용하는 용어이고 '학습자'는 교수 이론의 측면에서 사용하는 용어이다. 엄밀하게 말해서 다른 의미가 있지만 여기서는 혼용해도 무방하다. 언어 이론의 흐름에 기대어 읽기 교육 이론을 설명하기 때문이다.

2. 능동적인 읽기

수동적 읽기를 하는 인간이 능동적 읽기를 하는 인간으로 변화된 계기는 인지 심리학의 발달로 인한 것으로 본다. 인지 심리학에서는 글을 읽으면서 문제를 발견하고 그것을 해결하기 위하여 노력하며 적절한 해결 방법을 찾기 위해 수정하고 보완하려는 과정을 거치는 인간에게 초점을 둔다.

이로써 읽기의 능동적인 관점이 강조된다. 1960년대 후반에 시작하여 1970년대에 주목을 받은 인지 심리학에 근거한 읽기 교육에서는 읽기를 텍스트 이해를 위해 단순히 글자나 단어의 의미를 수집하는 과정이 아니라 인지 심리학적인 선택 과정으로 보았다. 이 과정에서 중요한 개념으로 부각된 것이 '스키마'이며, 독자[2]를 강조하는 하향식 모형 관점이 나오게 된다.

능동적 읽기는 학습자의 의사소통 능력(communication competence) 향상을 교육 목적으로 한다. 읽기가 언어의 네 가지 기능 중의 하나이므로 언어의 기능 안에서 읽기를 생각할 필요가 있다. 능동적 읽기 주체인 독자에 대한 상세화는 Goodman(1967), Coady(1979), Carrell과 Eisterhold(1988)에 의하여 이루어졌다. 이들이 밝힌 독자의 특성의 공통점은 한 마디로 **독자가 능동적**이라는 점이다. 읽기가 능동적 활동이라는 말이다.

---

[2] 이 내용은 앞 장을 요약했다.

<표 5> 독자의 역할

	Goodman(1967)	Coady(1979)	Carrell · Eisterhold(1988)
①	독자는 가려 읽기를 한다.	배경 지식이 있는 독자는 통사 구조적으로 완벽하게 이해를 못 하더라도 읽기가 가능하다.	읽기를 하는 독자는 정보, 지식, 감정, 경험 등을 포함하는 스키마를 이용한다.
②	독자는 자신에게 필요한 단서를 찾아 읽는다.	독자의 배경 지식은 개념을 이해하는 전략과 만나 시너지 효과를 발생시킨다.	읽기란 독자의 원래 스키마와 읽기 자료가 서로 얽혀서 이해하는 과정이다.
③	이미 읽은 것을 토대로 예측, 확인, 수정하는 과정을 통해 읽기 자료를 재구성한다.	1) 배경 지식 2) 개념적인 능력 3) 과정 전략이라는 세 요소가 읽기에 작용한다.	읽기는 능동적인 활동이다.

    이들이 실행한 독자 관찰은 지금까지 유효한 측면이 있다. 읽기 활동이 배경지식 즉 스키마와의 결합이라는 주장(Coady, 1979; Carrell Eisterhold, 1988)과 읽기 자료를 독자마다 새롭게 구성한다는 주장(Goodman, 1967)은 읽기 학습을 새롭게 보는 중요한 단서가 되었다.

2.
읽기 모형

　읽기에서 독자의 역할이 강조된 것은 인지 심리학의 도입을 기점으로 한다. 수동적 읽기와 능동적 읽기가 구별되었고 점차 읽기를 능동적 활동으로 보는 관점이 우세해졌다. 읽기 교육은 이러한 과정에서 순차적으로는 상향식 읽기 모형에서 상호작용 읽기 모형으로 발전되어 왔다고 볼 수 있다.

읽기 자료의 예)

읽기 자료 ㉮

　많은 사람이 호이안은 방문하기에 아주 흥미로운 곳이라고 생각한다. 동서양의 문화가 어우러진 무역항이 있고, 전시품은 세계 각지에서 온 것들이다. 연극과 뮤지컬을 공연하는 국립센터가 있다. 1999년 유네스코 세계문화유산으로 지정되었다. 호이안 근교에는 람압포라고 불리는 바다의 실크로드를 관람할 수 있는 유명한 항구가 있다. 호이안은 베트남을 관광하는 사람들에게는 경주와 같은 곳이다.

읽기 자료 ㉯

　절차는 매우 간단하다. 먼저 항목들을 몇 종류로 분류한다. 물론 해야 할 양이 얼마나 되느냐에 따라서 때로는 한 묶음으로도 충분할 수가 있다. 시설이 모자라 다른 곳으로 옮겨야 한다면 그렇게 한다. 그렇지 않다면 이제 준비는 다 된 셈이다. 중요한 것은 한 번에 너무 많은 양을 하지 말아야 한다는 점이다. 아예 한 번에 조금씩 하는 것이 너무 많은 양을 한 번에 하는 것보다 차라리 낫다. 이 점은 얼핏 보기에는 별로 중요한 것 같지 않으나, 일이 복잡하게 되면 곧 그 이유를 알게 된다. 한 번의 실수는 그 대가가 비쌀 수도 있기 때문이다. 이 모든 절차는 처음에는 꽤 복잡하게 보일지 모르나, 곧 이 일이 생의 또 다른 한 면임을 알게 된다. 가까운 장래에 이 일을 하지 않아도 되리라고 생각되지는 않는다. 그러나 아무도 알 수 없다. 일단 이 일이 끝난 다음에는 항목들을 다시 분류한다. 그리고 적당한 장소에 넣어둔다. 이 항목들은 나중에 다시 사용될 것이다. 그다음부터는 지금까지의 모든 절차가 다시 반복될 것이다. 결국 이것은 생의 한 부분이다.

　㉮의 경우 호이안을 설명하는 글로 경주와 비교하여 호이안이 문화적인 유적지임을 강조하고 있다. 많은 배경지식이 필요 없으며 단어를 하나씩 확인하면서 정보 위주로 읽어 내려갈 수 있다. 반면 ㉯의 경우는 여러 추론이 필요하며 독자의 배경지식에 따라 다양한 해석이 돌출될 가능성이 있다. 무엇의 절차인지 분명하지 않으며 한 문장씩 읽어간다고 해서 알 수 있는 내용이 아니다. 텍스트의 중요성이 덜하고 독자의 상황이 강조되는 읽기일 수밖에 없다. ㉯는 상향식 읽기로는 해독이 어렵다고 말할 수 있다.

1. 상향식 읽기 모형(Button-up Models of Reading)

1960년대 말까지 받아들여졌던 모형으로, 독자의 텍스트 이해 과정은 언어의 작은 단위(음운, 음절, 단어, 구 등)에서 큰 단위(문장, 단락 등), 텍스트 순으로 단계적으로 이루어지는 것으로 보았다. 이러한 텍스트 이해 과정에서 독자는 주어진 정보를 받아들이는 수동적인 역할을 한다고 보았다.

전제는 글의 의미가 텍스트 내에 고정되어 있다는 점이다. 상향식 모형은 텍스트 이해 과정에서 독자가 글의 작은 단위인 단어들의 의미를 분석, 수집하여 문장, 담화의 의미를 이해한다는 의미에서 다른 표현으로 "데이터 기반(data-driven) 처리 방법"이라고 부를 수 있다.

상향식 모형은 단계적인 이해가 이루어지기에 우선하는 단계에서 이루어져야 하는 글, 글자의 정확한 해독을 중요하게 다룬다. 이렇게 글이나 글자의 정확한 해독이나 글의 분석에 치우치다 보면 텍스트 의미 구성과 파악에 소홀하여 읽기의 의미를 퇴색시키고 학습자의 흥미를 떨어뜨리는 오류에 빠질 수 있다는 단점이 있다. 이 모형의 한계는 우선하는 단계에서 어휘나 문형을 정확히 알고 단계적으로 읽어나감에도 불구하고 해당 텍스트의 내용을 이해하지 못하는 반증 사례들에서 확인할 수 있다.

2. 하향식 읽기 모형(Top-down Models of Reading)

1970년대에 이르면 상향식 모형의 한계를 비판하며 인지 심리학의 연구에 힘입어, 읽기에서 텍스트보다 더 중요한 역할을 하는 것은 해당 텍스트와 관련된 독자의 배경지식이라고 보는, 읽기에 관한 새로운 관점이 대두된다. 이러한 관점은 하향식 모형이라고 불리는데, 하향식 모형에서는 독자가 읽는 과정에서 자신이 가진 배경지식을 가지고 텍스트 내의 정보에 관한 자신의 가설을 계속 바꿔나간다. 이는 읽기 과정에서 독자가 주어진 정보를 받아들이는 수동적인 입장에 머무는 것이 아니라 능동적으로 정보를 재구성하여 받아들인다고 본다. 하향식 모형에서는 이해 과정에서 독자의 스키마가 먼저 작동하고, 작동한 스키마를 기반으로 하여 점차 하위 단위의 언어를 이해하는 것으로 보기에 "개념 기반(conceptually-driven) 처리 방법"이라고 할 수 있다.

이러한 하향식 모형의 가정은 교육의 초점을 스키마 활성에 맞추게 한다. 읽기를 수동적인 언어 해석이 아니라 능동적이고 예측적인 과정으로 보게 한 점에서 의의가 있다. 그러나 독자가 스키마를 이용하여 가설을 설정하는 데 많은 시간이 걸린다는 단점이 있다. 그 외에 더 중요한 오류는 해당 텍스트와 관련된 스키마가 있다고 하더라고 해당 텍스트 내에 사용된 단어나 문형의 의미를 정확하게 알지 못하면 글의 의미를 제대로 읽어 낼 수 없다는 점이다.

하향식 모형은 이해 과정의 하향식 처리(Top-down Processing)를 강조하는 교수학습 모형이다. 앞의 언어 교육 이론 중에 배경지식을 강조하는 이론들과 연관된다. 글을 읽고 이해할 때 텍스트에서 출발하지 않는다. 독자의 사고에서 시작하여 텍스트로 이동한다. 다시 말해서 독자의 배경으로부터 출발하여 구체적인 언어 정보로 이동하는 이해 과정을 말한다. 이때 독자 혹은 학습자는 자신의 배경지식에 기대어서 글의 의미를 능동적으로 구성한다. 이를 읽기라고 본다. 하향식 모형 읽기를 하는 독자는 배경지식을 이용하여 텍스트를 이해하므로 모르는 단어나 표현을 추측하게 된다. 따라서 '추측'과 '예측'은 하향식 이해의 중요한 활동이 된다.

3. 상호작용 읽기 모형(Interactive Models of Reading)

상호작용 모형은 상호 보완 모형(interactive compensatory models)이라고도 한다. 이는 독자가 글에 들어있는 새로운 정보와 독자 자신이 가진 정보를 관련시키려고 하면서 두 과정 전략이 상호 영향을 주고받으며 동시에 작용하는 모형이라는 뜻이 들어 있다. 상호작용 모형에서는 읽기 과정은 상향식 과정이나 하향식 과정의 성격을 모두 가지고 있기에 어휘적 지식과 단어 인식, 음성적 해독 기술, 관련된 지식과 문맥으로부터의 예측, 이해 기술들이 모두 관련된다고 주장한다.

'상호작용적'이란 단어를 연구자들에 따라서 달리 쓰고 있는데, 어떤 연구자는 다양한 읽기 기술 간의 상호작용을 언급하기 위해서, 어떤 연구자는 독자와 글 사이의 상호작용을 논의하며 이 용어를 쓰고 있기에 주의할 필요가 있다.

상호작용 모형은 상향식과 하향식을 동시에 혹은 순차적으로 결합한 읽기 모형이다. 1980년대에 들어서 상호작용 모형이 대두된다. 상호작용 모형에서는 읽기를 글과 독자가 만나는 '행위'로 보고 읽기를 텍스트의 문자 해독과 독자의 스키마 활용이 끊임없이 상호 영향을 미치는 과정으로 보며 텍스트와 독자가 상호 보완하는 관계에 있는 것으로 파악한다. 상호작용 모형에서 중요한 것은 읽기를 순차적인 선형 구조가 아니라 '순환적인 구조(환류 구조)'로 본다는 것이다.

배경지식을 바탕으로 **'글의 내용을 예측 → 다시 글로 옮겨가서 구체적인 언어 정보 포착 → 다시 사전 이해한 자신의 지식을 수정 → 다시 글로 이동하여 정보를 파악하고 확인'**하는 과정을 거치는 것으로 본다. 특히 L2 학습자(외국어로서의 한국어 학습자 포함)는 대부분 순환 구조로 읽기를 수행한다고 주장한다.

읽기란 '글에 제시한 정보와 독자 자신의 배경지식을 결합하여 글 전체의 의미를 구성, 의미 있는 정보를 얻고 처리하는 과정'이라고 하였다. 이때 '배경지식과 결합한다'는 말은 인지 과정 이론과 관련되고 '정보를 얻고 처리하는 과정'이라는 말은 정보 처리 이론과 관련된다.

인지 과정 이론에 의하여 독해 과정을 인간에게 초점을 두고 구체적으로 연구할 수 있게 되었다. 그리고 정보 처리 이론에 의하여 읽기 연구의 기본적인 틀을 갖추었다고 할 수 있다. 정보 처리 이론에 의하여 상향식, 하향식 처리 과정이 정착되기 시작했기 때문이다.

QUIZ

문제 1 언어 교수 이론에 대한 설명으로 <u>틀린</u> 것을 고르세요.

보기
① 정보 처리 이론은 언어 교수 이론의 바탕을 마련하였다.
② 인지 과정 이론은 읽기의 수동적인 관점을 제공하였다.
③ 문법 번역식 언어 교수 이론은 번역하여 해독하는 방식과 관계가 있다.
④ 행동주의 관점은 텍스트를 완벽한 것을 보고 텍스트를 제대로 해독하는 것을 중시하였다.

해설 인지 과정 이론은 읽기의 능동적인 관점을 제공하였다.

문제 2 읽기 모형에 대한 설명으로 맞는 것을 고르세요.

보기
① 배경지식을 활용하여 읽는 것이 상향식 모형이다.
② 순차적으로 정확하게 읽는 것이 하향식 이해 과정이다.
③ 인지 심리학의 도입으로 읽기를 능동적인 활동으로 보기 시작했다.
④ 모든 텍스트는 상호작용 모형으로 읽어야만 이해할 수 있다.

해설 인지 심리학은 능동적인 인간에 초점을 둔다.

문제 3 다음 중 하향식 읽기로 맞는 것을 고르세요.

보기
① 유의어와 반의어 찾기
② 복합어가 어떤 구성으로 되어 있는지 분석하기
③ 텍스트의 키워드 연결하기
④ 전반적인 주제 찾기

해설 하향식 읽기는 스키마를 활용한다.

정답 ② ③ ④

정리해 봅시다

① 인간의 정보 처리 과정을 '이해'라고 보고 읽기 이론을 고민한다.

② 읽기 이론은 언어 교수 이론과 연관된다.

③ 읽기는 세 가지 처리 과정을 알아 두어야 한다. 상향식, 하향식, 상호작용식.

④ 읽기 모형에는 상향식, 하향식, 상호작용 모형이 있는데, 이는 언어학, 심리학의 발달에 따라 개발된 모형이다.

⑤ 상호작용이 하향식과 다른 점은 읽기 과정인 이해를 순차적인 과정으로 보지 않고 왔다갔다하는 순환적인 과정(Processing of Feedback)으로 본다는 점이다.

04장

읽기에 영향을 미치는 요인

들어가며

학습목표
1. 읽기에 영향을 미치는 요인을 설명할 수 있다.
2. 언어, 텍스트, 문화적 지식을 이해하고 설명할 수 있다.

학습목차
1. 언어적 지식
2. 텍스트에 관한 지식
3. 문화적 지식

미리 볼까요?

OX 문제
→ 학습자의 국적은 읽기 이해에 영향을 미치지 않는다.

정답

해설
→ 독자의 문화적인 배경은 읽기 이해에 영향을 미치는 요인이 되는데, '학습자의 국적은 학습자의 문화적 배경이 다르다는 뜻이 있으므로 읽기 이해에 영향을 미친다'라고 볼 수 있다.

1. 언어적 지식

 읽기에 영향을 미치는 요인은 텍스트를 중심으로 크게 텍스트 외적인 요인과 텍스트 내적 요인으로 나눌 수 있다. 여기에서는 텍스트 외적 요인 '독자'와 텍스트 내적 요인 '읽기 자료'라는 기준 두 가지로 나눈다. 그러면 다시 ① 언어적 지식(독자 관련 변인), ② 텍스트에 관한 지식(읽기 자료 관련 변인), ③ 문화적 지식(독자와 읽기 자료 관련 변인) 이렇게 세 가지 분류할 수 있다.

 그러나 세 가지 요인 모두 텍스트 내적 요인과 관련된다. 언어적 지식, 텍스트에 관한 지식, 텍스트 내의 문화적 요소 모두 텍스트가 안고 있는 요소들이기 때문이다. 아마도 텍스트 외적인 요인으로 문화적 지식 중 '독자가 가진 문화적 배경' 정도로 볼 수 있다. 그래서 읽기에 영향을 미치는 요인[1]을 다음과 같이 여섯 가지로 개념화하기도 한다.[2]

---

1 다른 말로 독해(decording) 요인이라고 할 수 있다.
2 이 내용은 김종윤(2020:146-147)에서 인용한다.

① 단어 재인(word recognition) : 단어를 식별하고, 단어에 속한 의미를 이해하고 분석할 수 있는 능력
② 작업 기억(working memory) : 감각에 더 이상 의존하지 않아도 자극에 대해 임시적으로 저장하거나 조작할 수 있는 능력
③ 어휘(vocabulary): 개인이 알고 있거나 사용할 수 있는 단어 목록
④ 사전 지식(prior knowledge) : 새로운 정보를 배우기 전에 독자가 이미 알고 있는 지식. 주제에 관한 지식, 텍스트 구조에 대한 지식 등
⑤ 읽기 전략(reading strategies) : 텍스트에 있는 내용을 의미로 전환하는 독자의 계획적이고 명시적인 행동
⑥ 읽기 동기(reading motivation) : 지식을 얻거나 예술적 경험을 즐기거나 사회에 참여하는 등의 목적을 바탕으로 읽고자 하는 내적 욕구

① 단어 재인과 ③ 어휘는 언어적 지식에 해당한다. 아마도 ② 작업 기억과 ⑥ 읽기 동기는 독자 관련 지식에, ④ 사전 지식은 텍스트에 관한 지식과 동시에 독자 변인에 들어갈 수 있다. ⑤ 읽기 전략은 텍스트 관련 지식과 독자 관련 변인에 동시에 포함될 것이다. 독자 변인은 문화적 지식에 넣어서 논의할 수 있다.

이 외에도 독자 관련 변인으로 읽기에 영향을 미치는 요인 중 중요한 것이 읽기에 대한 '학습자의 동기'이다. 동기는 외재적 동기와 내재적 동기가 있는데, 외재적 동기는 시험이나 검사 등의 외부 평가나 자극에 반응하는 것으로, 내재적 동기는 읽기 자체의 즐거움을 위한 읽기로 말할 수 있다. 제2 외국어 읽기에서는 외재적 동기 또한 무시할 수 없으며, 내재적 동기는 더 강력한 읽기의 동기가 되기도 한다.[3] '독자'와 '읽기 자료'를 함께 두고 세 가지 영향 요인을 구체적으로 살펴보자.

---

3   윌리엄 그레이브, 프레드리카 L. 스톨러 저, 허선익 역(2014:212-216).

1. 어휘와 통사

읽기에 필요한 언어적 지식으로 가장 큰 부분은 '어휘적 지식'과 '통사적 지식'이다(Hedge, 2000). 간단한 문장의 경우에는 통사적 지식보다는 문장 안에 사용된 어휘의 이해가 문장 이해에 큰 변수로 작용한다.

그렇다고 하더라도 어휘 이해만으로 문장의 의미를 이해할 수 없는 경우들이 많다. 사실 기본적으로 문장을 만드는 틀(frame)이라고 할 수 있는 통사적 지식이 없이 어휘만으로 문장의 의미를 이해하기는 어렵다. 단어의 배열이나 구성이 달라짐으로써 똑같은 단어를 사용한다고 하더라도 의미가 달라지는 경우가 생기기 때문에 독자는 통사적 지식에 근거를 두고 의미를 해석하게 된다. 예를 들면, '큰집'과 '큰 집'은 같은 단어이지만 띄어쓰기만 달리하였을 뿐인데도 의미가 달라진다. 아마도 초급 수준에서 읽기를 어렵게 하는 요인은 어휘적 지식과 통사적 지식의 부족 두 측면 모두일 것이다.

2. 현장 조사로 얻은 결과

읽기 전 활동으로 ① '어휘 학습'이 읽기 이해를 향상시킨다는 현장 조사와 ② '넓게 읽기'를 통하여 눈에 익은 어휘를 늘리고 새로운 어휘에 많이 노출된 경우에 읽기 이해 능력이 향상된다는 현장 조사들은 언어적 지식이 읽기 이해에 영향을 미치는 요인이 됨을 뒷받침한다.[4]

이러한 사실은 하향식 읽기 모형이나 구성주의 읽기 방법에 관심을 쏟게 한다. 특히나 자국어 읽기가 아닌 외국어 읽기 교육에서 언어적 지식은 무시할 수가 없다. 문제는 읽기 교육에서 언어적 지식 습득과 하향식 읽기 전략에 할애해야 할 **'비중의 조율'**이라고 할 수 있겠다.

---

4 윌리엄 그레이브, 프레드리카 L. 스톨러 저, 허선익 역(2014:187-194) 참조

2.
텍스트에 관한 지식

초급 수준에서 읽기에 영향을 미치는 주요한 요인이 되는 언어적 지식이 비슷한데도 글의 내용을 이해하는 데 차이가 나는 경우가 있는데, 이는 텍스트에 관한 지식의 차이 때문일 수 있다.

텍스트란 구두 언어이든 문자 언어이든 통일체를 형성하는 일련의 문장을 말한다. 의사소통을 위해 사용하는 언어는 **서로 긴밀하게 연결된 문장들**이 모여 통일체를 이루는데 이러한 통일체를 **텍스트**(text)라고 한다(Halliday · Hasan, 1976).

텍스트에 관한 지식은 다양하게 구분하여 학습할 필요가 있다. 예를 들면 응집성과 텍스트 구조, 텍스트 유형, 텍스트 내용에 관한 지식 등을 나누어 학습하면 좋다. 현장 조사에서는 텍스트에 관한 지식이 읽기에 영향을 미치는 요인이 된다는 것을 구체적으로 제시하는 경우가 많다.

제2언어 읽기 이해 능력을 향상시키기 위해 텍스트에 대한 지식은 중요한 부분 중 하나다. 따라서 텍스트에 관한 지식을 읽기 전략으로 명시적으로 가르치는 것이 좋다. 텍스트의 특성은 읽기 이해에 영향을 미치는 요소로서 각 특성에 따라 어떠한 읽기 전략을 활용할 수 있는지 정리한다면 읽기 수업 설계에 도움을 받을 수 있을 것이다.

1. 텍스트 구조

텍스트의 구조란 텍스트를 이루는 부분들 사이의 관계를 말한다. 여기에서 응집성의 중요성이 드러난다. 텍스트의 응집성(Coherent)이란 단어나 문장 차원의 통일성이 아니라 통합체로서의 텍스트를 의미한다.

단어와 문법 규칙으로 문장을 이해하는 것 위에 여러 가지 정보 사이의 논리적 관계를 이해하면 글을 효과적으로 이해할 수 있다. 다시 말하면 텍스트의 구조적 패턴을 이해하면서 읽는 것은 독해 전략의 중요한 부분이며 이것을 잘 이해하면 글의 의미를 파악하는 데 도움이 될 수 있다.

텍스트의 응집성(coherent)은 텍스트를 일관성 있게 만들기 위해 텍스트 내용 이외에 언어적 특질을 추가할 때 사용할 수 있다. 응집성을 위한 장치가 실제로 텍스트에 나타나 있을 때 독자는 그 장치를 활용하여 문장 간 혹은 단락 사이의 관계를 파악하고, 장치가 없을 때는 앞뒤의 관계를 추론하여 파악하게 된다.

지시대명사, 인칭대명사, 접속사 등이 응집성을 위한 언어적 장치들인데, 이러한 장치들에 대한 지식은 문장 사이의 논리적 연결, 문맥의 관계 인식, 앞으로 나올 내용에 대한 추론 등을 가능케 하여 의미 파악에 도움을 줄 수 있다.

2. 텍스트 유형

텍스트의 유형은 문종(文種)이라고 말할 수 있다. 일찍이 아리스토텔레스가 서정 장르와 서사 장르, 극 장르로 나누기도 하였다. 이순영 외(2015:200)에서는 텍스트의 유형을 구어 텍스트(spoken text), 문어 텍스트(written text), 정보 텍스트(information text), 문학 텍스트(literay text), 인쇄 텍스트(printed text), 복합양식 텍스트(multimodal text), 하이퍼 텍스트(hyper text) 등이 있다고 설명했다. 제2언어 학습에서 텍스트 유형[5]은 이야기, 논술, 설명 3가지로 이해하면 좋겠다.[6]

- **이야기 글의 구조 : 일정하고 예측 가능한 인과 구조**
  - → 이야기 전개, 등장인물들의 관계 등에 대한 배경지식이 요구되므로 독자의 배경지식 의존하는 편이다.
  - → 유용한 과제 : 중심 내용 찾기, 대화 연결하기, 등장인물의 감정 추측하기 등

- **논술적인 글의 구조 : 설득을 목적으로 주장과 근거를 드는 구조**
  - → 사실과 주장을 분리하고 전제되는 정보가 무엇인지를 파악하는 능력이 요구된다.
  - → 유용한 과제 : 전제나 가정, 함축하는 점 파악하기, 추론하기, 사실과 의견 구분하기, 제시된 근거의 타당성 평가, 글쓴이에게 자신의 의견을 밝히는 편지 쓰기 등

- **설명적인 글의 구조 : 비교와 대조, 원인과 결과, 문제 제기와 해결 등의 다양한 구조**
  - → 정보 제공을 위해 새로운 내용과 개념이 자주 등장하므로 배경지식보다 텍스트 의존성이 큰 편이다.
  - → 유용한 과제 : 다이어그램 그리기, 순서 짓기, 위계 만들기, 의미망 만들기, 주요 정보와 세부 정보 나누어 표시하기, 표 완성하기 등

---

5   Warren(1992)은 텍스트 유형을 이야기, 기술, 논술, 설명 4가지로 구분 지은 바 있으며, Silberstein(1994)은 논술 글의 특징과 유용한 과제에 대해 논의한 바 있다.

6   이와 같은 유형 분류는 이 책의 범박한 주장에 불과하며 사람에 따라서 얼마든지 다르게 유형을 나눌 수 있다.

3. 문화적 지식

1. 내부자 관점과 외부자 관점

문화적 지식은 텍스트 내적 요인과 텍스트 외적 요인이 복잡하게 얽혀 있다. 문화적 지식 안에는 독자 변인이 작동할 가능성이 크기 때문에 보다 면밀한 주의가 요청된다.

예전에는 초급 학습에서 문화적 지식에 대한 강조를 지금보다 덜 했다. 고급 읽기 활동에서 한국 문화 중 전통문화 부분이 강조되어 온 것으로 보인다. 점차 이러한 이분법적 교수가 적절하지 못하다는 논의가 불거졌다. 최근 들어 초급이나 고급에 상관없이 문화적 지식이 의사소통 능력 향상에 필수적이라는 주장이 많다.

숙달도와 관계없이 제2언어 화자를 위한 읽기 자료는 적합성과 객관성이 있어야 한다. 게다가 문화적 지식 측면에서 필요한 것이 외부자 관점의 강화다. 문화적 지식의 외부자 관점이란 '한국'이라는 국적과 '한국 문화'라는 내용을 외부에서 안을 들여다보면서 내용을 구조화한다는 의미다. 한국인에게 익숙한 한국 문화라고 하더라도 제2언어 화자에게는 이질적일 수 있다는 사실을 인정해야 한다는 외부자 관점을 활용한 읽기 내용과 그렇지 않은 읽기 내용은 많은 차이를 지니게 된다.

예를 들어, 다른 사람의 집을 방문하면서 현관에 신발을 벗어 두고 실내화로 갈아 신는 일은 온돌방 생활을 하는 한국인에게 익숙하지만 그렇지 않은 문화권의 화자에게는 꽤 낯설다. 외부자 관점으로 접근할 때 낯선 행동에 대한 이해로부터 가치관이나 신념의 다름도 이해할 수 있다. 이런 문화적 지식으로 인한 차이는 읽기 자료 내용으로 읽기 수업을 구성할 때 충분히 고려되어야 한다.

2. 문화 지식과 문화 활동

글의 주제나 내용을 이해할 때 독자의 문화적 배경과 친숙한 경우는 그렇지 않은 경우보다 더 쉽게 글의 내용을 이해한다. 예를 들면 프랑스 문화권의 학생은 '고부(姑婦) 간의 갈등'이라는 주제에 대해서 잘 이해할 수 없다. 친숙하지 않기 때문이다.

글의 형식도 문화권에 따라 달라질 수 있는데, 글의 형식적 차이 때문에 글의 내용을 전혀 이해하지 못할 수 있다. 예를 들면 한국의 시조, 혹은 고시인 황조가(유리왕) 등을 서양 문화권의 학생은 낯설 수 있다. 우리가 '외국 제품사용설명서'에 익숙하지 않은 것도 마찬가지다.

텍스트를 대하는 태도가 문화적 영향으로 달라질 수도 있다. 성경이나 코란으로 읽기를 배우는 학생들은 자신이 읽는 텍스트의 내용을 자기도 모르는 사이에 진리로 받아들이는 경향이 있을 수 있다(Aebersold, 1997). 반대로 앞의 예를 든 바와 같이 경전을 통해서 읽기를 익힌 학생은 그 밖의 텍스트에서 진실을 발견하기 어려울 수 있다.

3. 언어문화 통합 교육

문화적 지식은 언어문화 통합 교육과 관련이 깊다. 읽기 쓰기 통합 등 기능 통합도 중요하지만 먼저 언어의 특성을 따져봐야 한다. 언어는 의사소통을 위한 것이다. 의사소통 관점에서 언어와 문화를 분리하여 수업을 설계하는 것은 효과적이지 않다. 동기 유발을 위한 문화적 요소의 삽입이 아니라 언어문화 통합으로 목표어를 배울 때 학습한 언어에 대한 활용도가 높아질 것이다.

이러한 의미에서 초급이든 고급이든 숙달도에 상관없이 문화적 지식은 읽기에 영향을 미치는 요소 중 하나다. 통합 수업 중에서 '행위'를 중심으로 수업을 설계할 때 통합 교육이 이루어진다. 여기에서 '행위'는 언어 학습에서 '행위'를 중시한다는 뜻으로 외국어 학습이 연습의 장에 머무르지 않고 교실에서 '행위'를 수행하도록 환경을 만들어 학습자에게 제공하는 것이다. 김태희(2021: 7-9)에서는 이러한 외국어 학습이 능동적인 학습 역량 향상에 도움이 된다고 밝혔다.

한국어교육능력검정시험(TOTKA)의 '한국문화' 문항을 분석한 연구[7]에 의하면 '문화'를 고정된 관념이 아닌 살아있는 유기체로 보고 문화를 함축하고 있는 언어 교수를 수행해야 한다고 하였다. 이처럼 언어문화 통합 수업은 읽기 수업에서 반드시 고려해야 하는 영역이다.

---

7 하채현(2019)은 성취 문화가 아닌 생활 문화를 문화 항목에 넣어서 언어문화 통합이 가능해야 한다고 주장하였다.

QUIZ

문제 1 읽기에 영향을 미치는 요인으로 보기 어려운 것은?

보기
① 과제의 유형
② 어휘적 지식
③ 통사적 지식
④ 출신 국가

해설 언어적 지식(어휘, 통사적 지식), 텍스트 관련 지식, 문화 요인(학습자가 배경으로 가진 문화적 요인, 목표어 관련 문화적 요인)들이 읽기에 영향을 미친다고 본다. 이외에도 정서적 요인(학습자의 학습 동기 등)도 읽기에 영향을 미친다.

문제 2 읽기에 영향을 미치는 텍스트에 관한 지식이 아닌 것은?

보기
① 텍스트의 구조
② 텍스트의 유형
③ 응집성
④ 텍스트의 길이

해설 텍스트의 길이보다는 텍스트에 담긴 내용이 읽기에 영향을 미친다는 보고가 많다.

문제 3 언어문화 통합 교육의 예로 적절하지 않은 것은?

보기
① 노래로 배우는 한국어
② 현장학습으로 배우는 한국어
③ 영화로 배우는 한국어
④ 문법 구조로 배우는 한국어

해설 문화 지식이 덜 필요한 것은 문법이다.

정답 ① ④ ④

정리해 봅시다

① 언어적 지식(독자 관련 변인), 텍스트에 관한 지식(읽기 자료 관련 변인), 문화적 요인(독자와 읽기 자료 관련 변인)은 읽기 이해에 영향을 미치는 요인이 된다.

② 텍스트 특성에 따라 읽기 전략이 달라질 수 있으므로 텍스트의 유형, 구조 등에 대해서 아는 것이 필요하다.

③ 읽기에 영향을 미치는 문화적 지식은 내부 관점과 외부 관점이 있으며 이를 교사가 이해하고 수업에서 활용할 수 있어야 한다.

④ 이 밖에도 글의 형식, 글의 주제, 텍스트를 대하는 태도 등이 읽기에 영향을 미치는 문화적 지식에 포함된다.

05장
읽기 자료의 구성과 읽기 과제

들어가며

학습목표

1. 읽기 자료의 종류를 알고 읽기 과제로 활용할 수 있다.
2. 읽기 자료를 구성할 수 있다.

학습목차

1. 읽기 자료의 구성
2. 읽기 과제의 정의와 유형

미리 볼까요?

OX 문제

➡ 글의 유형을 분류하는 능력은 읽기 이해에 도움이 되지 않는다.

정답

해설

➡ 글의 유형을 분류하는 능력은 형식 스키마에 해당하는 것으로 글의 유형에 따른 전략적 읽기를 가능하게 하므로 읽기 이해에 도움이 된다.

1.

읽기 자료의 구성

 읽기 자료에 대한 논의는 쉽게 말하자면 읽기 교육에서 무엇을 읽힐 것인가의 문제와 관련된다. '무엇을 읽힐 것인가'는 읽기 자료가 풍부하지 않았던 시기에는 그다지 논의할 것이 없었다. 그러나 지금과 같이 읽을거리가 넘치는 상황에서는 읽기 자료를 선택하는 일이 만만치가 않다. 개인적인 읽기에서도 이에 대한 대답은 수월치 않은데, 교수 상황에서는 고려해야 할 사항들(인간 변인, 언어 변인, 환경 변인, 교수 변인)이 더 많다.

 읽기 교육의 목표 설정이 중요한 것은 목표에 따라서 교수의 방향과 자료의 선택이 달라질 수 있기 때문이다. 교수자가 교수 목표와 방향 설정을 구체적이고 세부적으로 할수록 읽기 자료 선택이 명확해진 것으로 보인다. 예를 들어서 학습목표 'ⓐ 읽기를 통하여 사고력을 향상시킬 수 있다. ⓑ 필요한 정보를 찾아 읽고 실생활에서 활용할 수 있다' 두 가지가 있다면 ⓐ보다 ⓑ가 더 나을 수 있다. 국어교육에서는 구체적인 학습 목표를 성취기준으로 제시하고 있다. 이러한 기본 인식에서 읽기 자료에 대한 논의에 접근해야 한다. 기본 인식이 없는 상태에서 읽기 자료에 대한 학습은 단지 자료의 나열로만 보일 수 있으며, 실전의 자료 선택 상황에서 그다지 도움을 받지 못할 것이다.

1. 읽기 자료의 종류

1.1 읽기 자료의 개념

문법 번역 교수법 시기에는 읽기 기능이 중시되었고, 읽기를 통해서 지식을 수용하거나 지력을 연마하고자 하는 목적을 가지고 있었다. 실생활적인 읽기 자료보다는 주로 고전 문학 작품이 읽기 자료로 사용되었다. 그러나 외국어 교육의 목적이 지력 연마가 아니라 "의사소통"으로 바뀌면서 읽기 자료에 대한 개념에 변화가 생겼다. 이러한 변화의 흐름 속에서 확장된 읽기 자료에 대한 논의들을 소개한다.

1.2 읽기 자료의 확장

1970~1980년대의 외국어 교육에 대한 접근법이 의사소통 접근법으로 바뀌면서 읽기 자료에 대한 개념도 많이 바뀌었다. Grellet(1981)는 의사소통 접근법의 분기점을 명확하게 하였다. Grellet(1981)가 말하는 읽기 자료는 '실생활에서 접하는 모든 자료'를 포함한다. 그전까지 문학 작품 위주의 독해만 강조했던 상황을 뒤집는 계기를 만들었다. 특히 화법에서 활용할 만한 식당메뉴, 전화번호부, 지도 등을 읽기 자료에 넣어서 읽기 자료를 총망라했다.

Grellet(1981)가 말하는 읽기 자료는 문학 작품(소설, 희곡, 시 등)뿐만 아니라 실생활에서 접하는 모든 자료(편지, 노트, 신문, 잡지, 수필, 사무용 편지, 팸플릿, 교과서, 요리책, 광고, 만화, 여행 안내서, 상품 안내서, 경고, 안내, 포스터, 메뉴, 시간표, 전화번호부, 지도, 사전)다.

Silberstien(1994)는 총망라한 읽기 자료가 체계적이지 않다고 보았다.

따라서 읽기 자료를 네 가지로 분류하였다. ① 비산문적 자료: 광고나 각종 서류 양식, 메뉴, 시간표 등 실생활적인 자료 등 ② 설명적 자료: 신문 기사, 보고서 등 ③ 논증적 자료: 논설문, 비평 등 ④ 문학 자료: 소설, 희곡, 시 등이다.

Brown(2001)은 산문이냐 산문이 아니냐의 형식적 특징보다는 내적 기준을 두어야 한다고 보았다. 따라서 사실적인 것, 허구적인 것, 그 외 실생활 자료로 삼등분하였다. ① 사실적인 것: 보고서, 사설, 수필, 신문 기사, 사전 등 ② 허구적인 것: 소설, 드라마, 시 등 ③ 그 외의 실생활 자료: 편지, 연하장, 읽기, 메모, 발표문, 학술적인 논문이나 보고서, 지원서 등의 서류 양식, 질문지, 상표, 표지판, 요리법, 청구서, 사용 설명서, 메뉴, 일정표, 광고, 초대장, 주소록, 만화 등 글로 표현된 모든 자료들을 망라하였다. 망라한다는 점에서 Grellet(1981)와 같고 실생활자료 이외에 산문을 '사실'과 '허구'로 나눈다는 점에서 차이가 있다.

1.3 읽기 자료와 활동

읽기 자료의 선택은 읽기 수업 설계에 영향을 미치는 요인이 된다. 읽기 자료의 유형에 따라서 읽기 기술과 전략이 달라질 수 있고 읽기 과제나 활동도 달라질 수 있기 때문이다. 예를 들어 읽기 자료의 유형 중에서 자료의 프레임인 형식에 따라 전략이 달라지는 것을 확인해 보자. 읽기 자료가 설명문이면 ① 주제문 찾기 ② 세부 내용 이해하기 ③ 밑줄 긋기, ④ 동그라미 치기 등의 전략을 활용할 수 있다. 한편 자료가 논설문이라면 ① 논점 파악하기, ② 주장 추론하기 등이 유용한 전략이 된다. 읽기 자료의 유형은 사용하는 전략을 달라지게 한다. 따라서 자료의 유형 및 주제에 따라 적절한 읽기 활동을 제시할 수 있다.

<표 6> 읽기 자료에 따른 읽기 활동(Davies, 1995)

분류	학습 과제	활동	내용
재구성 활동	텍스트나 도표 완성 글 재구성하기	텍스트 완성	– 단어 완성하기 – 구 완성하기 – 문장 완성하기
		순서 정하기	– 논리, 시간 순서대로 재배열하기 – 범주에 따라 재배열하기
		예측하기	– 부분을 읽고 전체 내용 예측하기 – 다음 내용 예측하기
		표(table) 완성하기	– 내용을 보고 표의 빈칸 채워 넣기
		도표(diagram) 완성하기	– 내용 보고 도표의 빈 부분 완성하기
분석 활동	정보를 다른 형태로 변환 하는 활동	글에 표시하기	– 주요 부분에 밑줄 등 표시하기
		명칭 붙이기	– 글의 일부분에 명칭 붙이기
		문단 나누기	– 글을 문단이나 부분으로 나누어 명칭 붙이거나 주석 달기
		표(table) 완성하기	– 내용을 보고 표의 빈칸 채워 넣기
		도표(diagram) 완성하기	– 내용 보고 도표의 빈 부분 완성하기
		질문 만들기	– 내용 읽고 질문 만들기
		요약하기	– 내용 요약하기

이 중에서 '표 완성하기'와 '요약하기'를 다음 읽기 자료의 예시 1[1]로 학습해 보자.

---

[1] 『술술 풀리는 한국어 읽기』(중고급), 12–15쪽에서 인용

읽기 자료의 예시 1

<표 7> 취업 전망이 좋은 직업 BEST 20

	직업	연봉(만 원)	전망(%)	만족도(%)
1	바이오에너지연구 및 개발자	4339	100.0	85
2	항공기 조종사	9183	97.2	86
3	선박교통 관제사	3773	96.7	73
4	심리학 연구원	3142	94.3	96
5	치과 의사	8224	93.3	64
6	태양광발전연구 및 개발자	4054	90.0	90
7	임상심리사	3157	90.0	93
8	임상연구 코디네이터	2677	90.0	83
9	관광통역 안내원	2555	90.0	78
10	사회복지사	2268	90.0	69
11	호텔관리자	5247	86.7	80
12	반도체공학 기술자	4091	86.7	80
13	향기치료사	2765	86.7	70
14	놀이치료사	2577	86.7	96
15	언어치료사	2472	86.7	68
16	음악치료사	2233	86.7	91
17	태양열연구 및 개발자	4306	85.6	91
18	컴퓨터 프로그래머	3461	84.3	94
19	투자분석가	6326	83.3	83
20	금융자산운용가	5888	83.3	77

1. 이 자료의 출처가 될 만한 곳으로 알맞은 것을 고르십시오.

   ① 국립국어원　　　　　　③ 교육과학기술부
   ② 한국관광공사　　　　　④ 한국고용정보원

2. 이 표의 내용과 같은 것을 고르십시오.

   ① 연봉이 높으면 전망이 더 좋다.
   ② 만족도가 높을수록 전망도 더 높다.
   ③ 연봉, 전망, 만족도는 절대적인 상관관계가 없다.
   ④ 심리학 연구원은 연봉, 전망, 만족도가 모두 높은 편이다.

1문항은 재구성 활동이고 2문항은 분석 활동에 해당한다.

2. 자료 구성의 유의점

교수 상황에서 읽기 자료를 선택하기 위해서 고려해야 할 사항 중 가장 우선하고 상위에 있는 요소가 읽기 교육의 목표라고 한다면, 일괄적이지 않고 개별적이며 가장 다양한 양상을 보이는 요소가 학습자의 어휘 수준과 문법 수준이 아닐까 싶다. 이러한 학습자의 어휘 수준과 문법 수준에 맞추어서 자료를 변형하는 방법(이야기가 부자연스럽거나 인위적이어서 실제적인 자료와 거리감이 생길 수 있음)과 실제적인 자료를 사용하는 방법(어휘나 문법 통제가 안 되어 가르치기에 부담스러울 수 있음) 사이에서 어떻게 균형을 맞추어서 읽기 자료를 구성할 지는 쉽지 않은 문제이다.

Nuttall(1996)에서는 자료를 선택하거나 구성할 때 고려해야 할 사항을 7가지로 기술하고 있다. 다음은 자료 구성을 위한 7가지 고려 사항과 각 항목에 대한 자가 확인 질문들(선택한 자료의 적절성 판단을 위한)이다.

<표 8> 읽기 자료 구성을 위한 고려 사항(Nuttall, 1996)

1) 학습자에게 **흥미로운 내용**을 담은 자료를 선택한다.
   - 관련된 것을 스스로 더 읽고 싶게 만드는가?
2) 학습자의 **능력을 발달시킬 수 있는** 자료를 선택한다.
   - 학습자에게 모르는 것을 알려주는가?
   - 선택 자료가 학습자들의 지적 능력을 발휘하게 하는가?
   - 좋은 질문을 만들 거리가 있거나 과제를 만들기에 적합한가?
3) 학습자의 **어휘와 문법 수준에 적합**한 자료를 선택한다.
   - 새로운 어휘가 너무 많지 않은가? 이 수준에서 배울 만한가?
4) 같은 과나 주제에서 **다양한 장르, 다양한 시각, 다양한 종류**의 글을 제시한다.
   - 학습자들이 이전에 생각해 본 적이 없는 것에 대해 생각하게 하거나, 새로운 생각을 소개하는가?
   - 다른 사람들이 느끼고 생각하는 방법을 이해하게 해 주는가?

5) **실제적인 자료에 최대한 충실**하도록 한다.
   – 사용된 글이 자연스러운가? 의도된 학습 목적 때문에 글이 왜곡된 부분은 없는가?
   – 문어적 또는 구어적 사용법과 동떨어진 것은 아닌가?
6) 실제 자료 형태로 **실감 나게 제시**하도록 한다. 겉표지, 글 자체나 인쇄 상태, 편집, 소제목, 삽화 등도 소홀히 하지 않는다.
7) **저작권**에 저촉되지 않도록 사전 허락을 받고 사용한다.

이러한 읽기 자료 구성의 유의점 중 학습의 주된 고려 요인은 1)과 2)에서 언급하고 있는 '학습자의 흥미 유발과 능력 발달'로 보인다. 아래의 3), 4), 5)의 요소들은 1)과 2)의 주요한 고려 요인들을 효과적으로 달성하기에 장애가 되는 자료의 특성이 어떠하며, 구체적으로 어떤 자료를 제시하는 것이 주요한 고려 요인들을 충족시킬 수 있는지를 보여 준다.

즉 새로운 어휘나 문법 요소가 너무 많이 제시되거나 획일적인 관점이나 장르의 제시, 변형되지 않은 실제 자료 등은 주요한 고려 요소들에 장해 요인이 되기도 하므로 이를 피하도록 유의 사항을 기술하고 있다. 마지막의 6), 7)은 편집, 출판의 유의 사항으로 정리할 수 있다.

2.
읽기 과제의 정의와 유형

1. 읽기 과제란

　과제(task)란 형식보다는 의미에 중점을 두고 결과를 도출하기 위해 학습자가 언어를 사용하여 의사소통을 하는 것이다. 과제(task)라는 말은 다양한 분야에서 사용되고 있다. 때문에 한국어 교사로서는 외국어 교육 분야에서 이 용어가 어떤 의미로 사용되고 있는지 살펴보고 이에 대한 개념을 정립할 필요가 있다. 응용 언어학에서 '과제'의 개념은 1980년대에 들면서 중요하게 취급되기 시작했다.
　언어 학습으로서의 Breen(1987)은 과제에 대하여 특별한 목적과 적절한 내용, 명세화된 작업의 절차와 일련의 결과를 강조하였다. 여기서의 과제는 단순하고 간단한 연습 유형에서부터 문제 해결이나 시뮬레이션, 의사결정과 같은 좀 더 복잡하고 긴 활동에 이르기까지 언어 학습을 촉진하는 전반적인 목적을 지닌 일련의 계획안이라고 할 수 있다. 활동을 포함하여 학습 계획안 전체를 과제라고 보았다.
　이에 비하여 Nunan(1996)과 Prabhu(1994)은 과제에 대하여 교실 활동을 중시하였다. 먼저 Nunan(1996)은 학습자들에게 형식보다는 의미에 중점을 두도록 하면서 목표어를 ① 이해하고 ② 조작하고 ③ 표현하거나 ④ 목표어로 상호작용하는 것을 포함하는 교실 활동을 과제라고 보았다.

이렇게 Nunan(1996)이 학습자의 관점에서 과제를 바라보았다면 Prabhu(1994)는 학습자와 교사의 교수학습 측면에서 과제를 바라보았다. Prabhu(1994)에게 과제는 학습자에게 주어진 정보를 가지고 사고의 과정을 거쳐 어떤 결과에 도달하게 하는 활동이다. 그리고 이를 위하여 교사가 그 과정을 통제하고 조정하는 것이 중요하다고 보았다.

2. 읽기 과제의 유형

과제 유형은 학자나 과제 분류 기준에 따라서 다양하다. 그러나 과제를 분류한 용어는 차이가 있지만 분류한 내용은 상통하는 부분이 있다. 읽기 과제 유형은 ① 텍스트 자체에 대한 이해를 돕거나 확인하기 위한 과제와 ② 텍스트에서 배운 것들을 다른 기능으로 연결하여 활용하기 위한 과제로 나누어진다. ①은 기본 과제가 되고 ②는 응용 과제가 된다.

Nunan(1996)의 교육적인 과제, Littlewood(1984)의 의사소통 이전 활동, Davies(1995)의 수동적인 과제는 텍스트 자체에 대한 이해 증진과 확인을 위한 과제로 볼 수 있다. Nunan(1996)의 실생활적인 과제, Littlewood(1984)의 의사소통 활동, Davies(1995)의 능동적 과제는 텍스트를 통해 습득한 언어 지식을 실제 생활이나 다른 기능과 연관시켜 확장시키는 과제라고 볼 수 있다.

<표 9> 읽기 과제의 세 가지 유형

유형 \ 학자	Nunan(1996)	Littlewood(1984)	Davies(1995)
기본 과제	교육적인 과제	의사소통 이전 활동	수동적 과제
응용 과제	실생활적인 과제	의사소통 활동	능동적 과제

Nunan(1996)은 교육용 과제와 실생활 과제로 구분하였다. 교육적인 과제는: 교실에서 교육의 목적으로 이루어지는 인위적인 과제를 의미한다. 예를 들면 가족, 친척, 국적, 수와 양 등에 관한 학습이 포함된다.

실생활적인 과제는 학습자들이 실생활의 여러 상황에서 언어를 사용할 수 있도록 실생활에 필요한 것들을 수행할 수 있도록 도와주는 과제를 말한다. 예를 들면 길 찾기, 시장 보기, 대중 교통 이용하기, 방 구하기, 아르바이트 구하기 등이 해당한다. Nunan(1996)의 과제 유형은 학습자의 입장에서 용어를 붙여 언어 학습의 길을 제시하고 있다.

Littlewood(1984)는 의사소통을 중심으로 활동을 둘로 나누었다. 문법 구조 활동과 유사 의사소통 활동을 '의사소통 이전 활동'이라고 할 수 있고 기능적인 의사소통, 사회적 상호작용 활동 등을 '의사소통 활동'이라고 할 수 있다. 의사소통 이전 활동은 Nunan(1996)이 말하는 교육적인 과제와 유사한 점이 있고 의사소통 활동은 실생활적인 과제와 유사한 점이 있다.

Davies(1995)는 학습자의 참여까지 고려하여 용어를 붙였다. '능동적인 과제'는 학습자의 능동적인 참여를 유도하고 학습자 나름대로 주어진 정보를 재구성하거나 분석하여 글 또는 글쓴이와 학습자 상호 간의 상호 작용을 유도하는 활동을 말한다. 이러한 과제를 통해서 학습자는 자신의 가설을 명료화하고, 평가받고, 새로운 시각의 해석에 관한 토론을 하고, 모르는 것을 질문하면서 비판적 읽기를 배우게 된다. 반면에 '수동적인 과제'는 독해를 점검하는 유형의 활동을 말한다.

<표 10> 과제 유형의 예(Davies, 1995)

과제 유형	주요 활동
수동적 과제	선다형 문제 풀기, 이해 확인 질문에 답하기, 빈칸 완성하기, 진위형 문제에 답하기, 어휘 학습, 사전 학습, 빨리 읽기, 단락 순서 맞추기 등
능동적 과제	주요 부분 표시하기, 빈칸 채우기, 도표 만들거나 완성하기, 표 만들거나 완성하기, 글이나 도표 제목 붙이기, 글 순서 맞추기, 예측하기, 복습하기, 요약하기, 회상하기, 노트 필기하기 들의 개별적 활동, 짝 활동, 소집단 활동 등

〈예시〉

과제의 개념을 익히기 위해 문제를 풀어보자.

다음은 '사물인터넷(IoT)'에 관한 고급 학습자를 위한 읽기 자료이다. 인공지능의 발전으로 IoT(Internet of Things: 각종 사물에 센서와 통신 기능을 내장하여 인터넷에 연결하는 기술) 관심이 뜨겁다.

상상해 보자. 출근 전, 교통사고로 출근길 도로가 심하게 막힌다는 뉴스가 떴다. 소식을 접한 스마트폰이 알아서 알람을 평소보다 30분 더 일찍 ㉠울린다. 스마트폰 주인을 깨우기 위해 집안 전등이 일제히 켜지고 커피포트가 때맞춰 물을 끓인다. 식사를 마친 스마트폰 주인이 집을 나서며 문을 잠그자 집안의 모든 전기기기가 스스로 꺼진다.

공상과학 영화에서나 보던 일이 현실에서도 곧 이루어질 전망이다. (㉮) '사물인터넷' 시대가 열리는 것이다. 사물인터넷은 사물에 센서를 부착해 실시간으로 데이터를 인터넷으로 주고받는 기술이나 환경을 일컫는다. (㉯) 하지만 사물인터넷 시대가 열리면 인터넷에 연결된 기기는 사람의 도움 없이 서로 알아서 정보를 주고받으며 대화를 나눌 수 있다.

컴퓨터는 네트워크를 이용해 원격으로 다른 컴퓨터와 정보를 주고받는다. 지금도 우리 주변에서 사물끼리 소통하는 모습을 흔하게 볼 수 있다. (㉰) 근거리무선통신(NFC)을 활용한 가전제품은 사물인터넷이 구현된 사례로 꼽힌다. NFC 칩이 탑재된 세탁기에 스마트폰을 갖다 대면 세탁기 동작 상태나 오작동 여부를 확인하고 맞춤형 세탁코스로 세탁을 할 수 있다. (㉣) 냉장고는 사람이 굳이 확인하지 않아도 실시간으로 온도를 점검하고 제품 진단과 절전 관리도 척척 해낸다.

사람이 누군가와 대화를 하기 위해 상대방의 얼굴을 바라보거나 이름을 물어보듯, 사물도 서로 대화를 나누려면 상대 기기 아이디나 IP 주소를 알아야 한다. ㉡기기끼리 통성명을 나눈 다음에는 어떤 대화를 나눌 것인지 화제를 찾아야 한다. 사람도 대화할 때 뭔가 공통의 관심사를 꺼내서 대화를 나누지 않는가. 사물인터넷에서는 모든 물리적 센서 정보가 화젯거리다.

〈어휘 학습〉—수동적인 과제

1. 밑줄 친 ㉠과 같은 종류의 어휘가 아닌 것을 고르십시오.
    ① 깨우다　　　　　　　③ 끓이다
    ② 켜지다　　　　　　　④ 잠그다

〈이해 확인〉—수동적인 과제

2. 밑줄 친 ㉡의 의미로 알맞은 것을 고르십시오.
    ① 두 사물의 아이디와 비밀번호를 확인하여 기기를 서로 교환한다.
    ② 제품의 모델 번호를 자동으로 감지한 후 제품의 문제점을 찾아낸다.
    ③ 상대 기기의 종류를 확인한 다음 입력된 명령이 무엇인지 분석한다.
    ④ 두 사물이 서로 아이디와 IP 주소를 확인하고 물리적 센서 정보를 교환한다.

〈빈칸 채우기〉—능동적인 과제

3. 다음 문장이 들어가기에 가장 알맞은 곳을 고르십시오.

    지금까지는 인터넷에 연결된 기기들이 정보를 주고받으려면 인간의 조작이 개입돼야 했다.

    ① ㉮　　　　　　　　③ ㉰
    ② ㉯　　　　　　　　④ ㉱

〈진위 형 문제에 답하기〉—수동적인 과제

4. 사물인터넷의 예로 적당하지 않은 것을 고르십시오.
   ① 인터넷 화상 회의
   ② 고속도로 통행료 자동 결제 장치
   ③ 근거리무선통신 칩이 탑재된 세탁기
   ④ 입은 사람의 건강정보를 병원에 전송해 주는 티셔츠

〈예측하기〉—능동적인 과제

5. 이 글의 내용과 같은 것을 고르십시오.
   ① 사물인터넷 기술을 활용한 제품이 아직 나오지 않았다.
   ② 공상과학 영화에 나오는 일들이 실제로 일어나고 있다.
   ③ 컴퓨터는 네트워크를 통해 원격으로 정보를 주고받을 수 있다.
   ④ 사물인터넷 시대에는 사람의 개입이 더욱 많아질 것으로 전망된다.

....

위 읽기 자료의 경우 문항 1, 2, 4번은 수동적 과제로 볼 수 있다. 1번은 '어휘 학습'이고 2번은 '이해한 내용을 확인'하는 과제다. 4번은 '진위 형 문제에 답하기'에 해당한다. 나머지는 능동적 과제다. 문항 3번은 '빈칸 채우기'이며, 문항 5번은 '예측하기'로 볼 수 있다. 이처럼 과제는 두 유형으로 나눌 수 있으며 두 유형이 골고루 분배되어 있어야 목표 언어 학습이 쉽다.

QUIZ

문제 1 설명적인 읽기 자료와 거리가 먼 것은?

보기
① 비교와 대조
② 원인과 결과
③ 사실과 의견
④ 문제 제기와 해결

해설 사실과 의견은 논술적인 읽기 자료의 구조에 해당한다.

문제 2 읽기 자료를 구성하는 태도로 옳은 것은?

보기
① 실제 자료를 그대로 사용한다.
② 학습자가 이미 알고 있을 내용 중심으로 구성한다.
③ 학습자가 관련 자료를 더 찾아 읽을 만한 자료로 구성한다.
④ 새로운 어휘가 70% 이상 들어간 자료로 학습자를 자극한다.

해설 읽기 자료를 학습자의 흥미를 유발하고 지적 자극을 줄 수 있어야 하는데, 실제 자료를 그대로 사용하거나 새로운 어휘가 너무 많은 경우나 이미 알고 있는 내용은 이에 장애 요소로 작용하기 때문에 실제 자료의 변형, 적절한 새로운 어휘 제시, 새로운 지식을 제시 등이 필요하다.

문제 3 읽기 자료를 구성할 때 고려해야 하는 사항과 거리가 먼 것은?

보기
① 저작권
② 어휘 수준
③ 개작된 자료
④ 다양한 시각

해설 개작이 교실에 적합할 수 있다. 그러나 실제 활용 가능한 자료여야 좋다.

정답 ③ ③ ③

정리해 봅시다

① 읽기 자료의 선택은 교수자가 교수 목표와 방향 설정을 구체적이고 세부적으로 할수록 구체화될 수 있다.

② 다양한 읽기 자료 유형은 읽기 자료의 다양성을 보여 주며 교수자의 자료 선택의 폭을 넓혀 준다.

③ 읽기 자료를 선택하거나 구성할 때는 학습자의 흥미 유발과 능력 발달이 주된 고려 요소가 된다.

④ 새로운 어휘나 문법 요소가 너무 많이 제시되거나 획일적인 관점이나 장르의 제시, 변형되지 않은 실제자료 등은 위의 고려 요소들에 장해 요인이 될 수 있다.

⑤ 이 외에도 읽기 자료의 편집, 출판 상의 고려 사항들도 유의해야 한다.

⑥ 읽기 과제란 형식보다는 의미에 중점을 두고 결과를 도출하기 위해 학습자가 목표 언어를 사용하여 의사소통을 훈련하는 것이라 할 수 있다.

⑦ 읽기 과제의 유형은 대체로 두 가지 유형으로 나뉜다.

⑧ 읽기 과제 유형 1은 텍스트 자체에 대한 이해 증진과 확인을 위한 과제이다.

⑨ 읽기 과제 유형 2는 텍스트를 통해 습득한 언어 지식을 실제 생활이나 다른 기능과 연관하여 언어 지식을 확장시키는 과제, 두 부류로 나누어진다.

06장

읽기 교육의 쟁점

들어가며

학습목표

1. 읽기 교육의 쟁점을 파악할 수 있다.
2. 효과적인 읽기 교육 방안을 마련할 수 있다.

학습목차

1. 읽기 교육 방안에 대한 쟁점
2. 읽기 교재 개발에 대한 쟁점

미리 볼까요?

OX 문제

→ 확장 읽기를 하면 유창성이 발달되는가의 문제는 단어 인지의 유창성과 관련된다. Segalowitz 외(1998)에서는 적절한 수준에서의 확장 읽기를 통한 고빈도 단어들의 반복적인 노출은 단어의 자동 인지에 공헌할 수 있다고 실증하였다.

정답

해설

→ 그러나 단어 인지의 증진과 읽기 증진과의 직접적 연관성은 증명하지 못했다.

1.
읽기 교육 방안에 대한 쟁점

읽기 교육에서 쟁점을 살펴보는 일은 읽기 교수 방법을 찾기 위한 밑거름이 될 수 있다. 교육 연구에서 변인 통제가 어렵기 때문에 읽기라는 이해(신경학적 처리 과정)에 대한 논란은 계속되고 있다. 많은 수의 사례에 근거하여 주장을 펼치는 실험 연구가 많은 이유도 그 때문이다. 앞으로 전자매체 시대가 되면서 읽기의 개념과 읽기의 형태는 다시 변하고 있다. 그러나 읽기의 중요성이 감쇄되었다고 보기는 어렵다. 오히려 읽기는 더 중요한 언어 학습의 영역으로 자리를 잡아 가고 있다.

한국에서 읽기 교육에 관한 연구는 1970년대부터 촉발되었다. 그리고 한국어교육에서 읽기 교육 방안 연구는 서구의 읽기 이론을 고찰하여 교육 방안을 모색하는 방식으로 진행되어 왔다. 특히 Brusch(1991), Eskey(2002), Grabe(1991, 2002), Constantino(1994)가 대표적이다.[1] 이들

---

[1] – Brusch(1991) 교실 도서관 제공 여부가 읽기에 미치는 영향에 대한 실험 연구
– Eskey(2002) 읽기의 3차원 모델 제시-이 세 가지 차원(심리언어학적 정의-사회언어학적 정의-개인적 요소)을 이해하는 것이 매우 중요함. ① 심리언어학적 정의: 읽기란 쓰기 자료로부터 정보를 얻는 것이다. 텍스트에 대해 전체적인 의미를 구축하기 위해 독자가 이미 알고 있는 것과 그것을 연계하는 것

연구를 살펴보면 대체로 실험 연구(fieldwork) 혹은 질적 연구(Qualitative research)가 이루어진 것을 확인할 수 있다.

또한 한국어 교육에서 읽기는 일반 목적 읽기와 특수 목적 읽기로 구분할 수 있다. 읽기 교수는 특수 목적 중에서도 학문 목적 언어 교육을 통하여 주로 발달해 왔다. 학문 목적 읽기 교육에서 학문 목적 학습자들은 전공 과목 이해에 어려움을 겪고 있었으며, 전문적 어휘 교육에 관한 요구를 많이 드러냈다.

범박한 수준의 읽기 교육의 목표가 '1) 학습자에게 다양한 유형의 글을 접하게 하여 글의 특성을 파악하게 하기 2) 의사소통 능력을 높이기 위해서 한국의 문화적 의미를 알게 하기'이기에 이를 위하여 필요한 읽기 내용은 다음과 같은 것들이다. ① 읽기 속도, ② 문법/어휘, ③ 넓게 읽기, ④ 분석적 읽기 등이다. 이 네 가지가 읽기 교육 방안의 쟁점이 된다.

1. 읽기 속도

읽기 속도는 유창성과 상관성 속에 연구가 이루어지고 있다. 읽기의 유창성이란 단어 인지의 정확성과 자동성을 포함하는 개념이다. 텍스트의 운율 구조와 통사 구조를 적절히 사용할 때 유창성이 확보된다고 볼 수 있다.

National Reading Panel(NRP, 2000)의 『연구 보고서』(미국, 유창성 발달과 그에 맞는 교수법에 대한 기존의 연구를 정리)는 메타 분석 방법을 통해 읽기 연구에 대해 다음과 같이 결론을 내린 바 있다. **"유창성은 교수될 수 있으며 읽기 이해 능력에 긍정적으로 작용한다는 것"**이다. NRP와 유사한 결론에 도달한 연구로 Khun과 Stahl(2003)의 연구가 있다. 이 밖에 유창성과 '속도'

이 읽기의 개념이다. ② 사회 언어학적 정의: 문식성(literacy)을 연계하는 것이다. ③ 개인적 요소: 개개인이 인지적으로나 정서적으로 타인과 구별되는 것이다.
－Grabe(1991, 2002) 교수 연습 방안에 대한 가이드라인(guideline) 제시
－Constantino(1994) 읽기의 언어 능력 발달은 '읽기의 즐거움'과 관련된다고 밝힘.

와의 상관성을 규명한 연구들은 시간의 압박 속에 학습하면 읽기의 유창성이 높아진다고 보고 있다.

또한 단어 인지 유창성에 관한 여러 논의 중 하나를 보면, Segalowitz 외(1998)는 학문 목적 제2언어 교수에서 고빈도 단어의 자동화가 언어 유창성에 기여하는지 살펴 본 연구이다. 적절한 수준에서의 확장 읽기를 통한 고빈도 단어들의 반복적인 노출은 단어의 자동 인지에 공헌할 수 있다고 실증하였다. 단어 인지의 증진과 읽기 증진과의 직접적 연관성은 증명하지 못하였다.

2. 문법&어휘

일반적으로 텍스트 이해는 언어적 지식과 텍스트의 핵심 개념의 관계를 인지하는 것이 필요하다. 이 중 언어적 지식은 주로 어휘적 지식과 문법적 지식으로 보는 경향이 많다. 문법적 지식이 있어서 통사적 처리 능력이 있으면 이해 능력이 높아진다. 그러나 이해 능력 증진과 관련하여 문법 학습의 필요성은 명시적이지 않다. 간접적인 지원 체계로 보는 연구가 대다수다.

읽기와 어휘의 상관관계는 읽기 교육에서 중요 사항 중의 하나다. 우선 읽기에서 어휘의 중요성은 Thondike(1973)과 Stanovich(2000), 그리고 Carver(2003)에서 강조한 바 있다. 연구자들은 확장적 읽기가 학습자의 어휘 구축에 중요하다는 사실도 입증하고 있다. 하채현(2015)에서는 주제별 읽기를 통해 어휘 구축이 가능하다고 보고 있다. 주제별 읽기는 문화적 접근과 관련이 있다. 어휘와 읽기에 대해서 다시 다룰 예정이다.

3. 넓게 읽기

여기서 넓게 읽기는 확장 읽기(extensive reading)라고도 한다. '광범위한 읽기'와 '다독(多讀)'과 상통한다. 이 연구들은 확장 읽기를 하면 유창성이 발달되는가 아닌가에 대하여 살펴보았다. 앞에서 다룬 것처럼 학습자 배경지식의 활용은 이해 능력을 높이는 데 중요하다고 보는 견해는 인지주의의 도입으로 관심을 끌기 시작했다. 배경지식의 활성화와 관련된다.

넓게 읽기는 가장 대표적인 읽기 전략 중의 하나[2]다. Anderson(1996)에서는 문학 기반 교수와 광범위한 읽기(=확장적 읽기)는 읽기 능력 향상에 중요하다고 본다. Bamford(1992)에서는 학습자 스스로 책을 선택하게 하여 광범위하게 읽게 하고 그것을 가지고 읽기 수업을 진행하는 연구를 수행하였다. Ben-Yacov(1996)에서는 학습자의 숙달도에 맞는 읽기 자료 세트들, 책에 근거한 워크시트, 각 책의 사진으로 된 그림, 짝 활동과 그룹 활동을 위한 플래시 카드 활용 등을 연구하였다. 넓게 읽기와 관련된 읽기 후 활동들은 다음과 같은 것들이다.[3]

① 앞선 예측하기 활동에서 사용된 핵심어들을 가지고 이야기 만들기
② 그림을 가지고 이야기 꾸미기
③ 무작위로 배열된 문장들을 책에서 사건이 발생한 순서에 따라 배열하기
④ 책들에 대해 다른 제목 생각해 보기
⑤ 등장인물의 독백이나 대화문을 만들어 보기
⑥ 저서의 주요 논점이나 아이디어에 대해 간간히 토의해 보기
⑦ 책에서 언급되었거나 언급되지 않은 단어들을 찾아보기
⑧ '의문사' 의문문 만들기

---

[2] 하채현(2015:58)서는 주제에 따른 '텍스트 제대로 읽기'를 전략으로 활용하였다. 이는 학습자의 텍스트성을 살리는 읽기 전략이라고 밝히고 있다.
[3] 강현화 외(2009: 157-158) 참조

4. 분석적인 읽기

　분석적 읽기는 정독해야 가능하다. 상향식 읽기이되 어느 정도 유창성이 전제되었을 때 분석적 읽기가 실행될 수 있다. 교수 모형에서는 의미 중심 읽기 교수(CORI: Concept-oriented Reading instruction 개념 지향적 읽기 교수)에 해당한다.

　넓게 읽기와 분석적 읽기와 관련된 연구로 관심과 흥미도가 읽기에 관여한다는 주장이 있다. Schiefele(1999)에서는 특별한 독자의 관심과 읽기의 관계에 집중하였다. 이 연구를 통하여 상황적 관심과 개인적 관심을 구분하였으며[4] 관심이 텍스트의 이해에 의미 있는 관계가 있다고 보았다. 특히 개인적인 관심이 읽기에 지속적인 영향을 미치는 것으로 보았다. Schiefele(1999)의 연구는 읽기 태도와 동기를 알 수 있게 한다.

　분석적 읽기를 잘하는 방법들 가운데 하나는 글을 읽는 목표를 정확하게 인지하고 읽기에 들어가는 것이다. 내가 이 글을 읽는 이유와 목표가 정해져 있으면 분석적인 사고 과정에 빨리 도달할 수 있다. 물론 산책하듯 여유롭게 읽을 수도 있다. 그 자체의 여유를 읽기의 목표로 설정할 수 있다. 그러나 분석적인 읽기는 전문적이고 복잡한 읽기를 수행할 때 독자의 읽기 목표에 따라서 성패가 좌우된다.

4　① 상황적 관심: 일시적이고 단순한 호기심, ② 개인적 관심: 장기적인 본능적 관심

2.
읽기 교재 개발에 대한 쟁점

한국에서 읽기 교재 개발 논의는 학습자/교수자의 요구 조사나 교재 개발자의 판단에 근거하였다. 상호적 전략 교수(TSI: Transaction strategic instruction)에서는 읽기 이해를 위해 일반적인 교육과정적 접근을 제시한다. 의미 중심 읽기 교수(CORI: Concept-oriented Reading instruction 개념 지향적 읽기 교수)에서도 의미와 읽기 교수를 일관성 있게 통합한 교육과정의 효용성에 대한 강력한 사례를 제시하였다. 읽기 교재를 개발하려면 가장 먼저 생각할 점이 읽기 전략이다. 내세우는 전략에 근거하여 읽기 교재를 위한 교수 모형과 교육 방안이 제출되기 때문이다.

1. 여러 가지 읽기 전략

상호적 전략 교수(TSI: Transaction strategic instruction)를 위해서 필요한 대표적인 읽기 전략 10가지[5]를 소개하면 다음과 같다.

---

[5] 찬찬히 단어를 보면 알 수 있는 용어들이다. 5) 서로 가르치기, 6) 협력하는 전략 읽기, 10) 개념 지향적 읽기 교수. 이 장의 뒤에 간략한 번역을 달아 두었다.

① **KWL** : Know, Want to know, Learned
② **ETR** : Experience-Text-Relate
③ **QAR** : Question-Answer-Response
④ **DR-TA** : Directed Reading and Thinking Activities
⑤ **Reciprocal Teaching**
⑥ **CSR** : Collaborative Strategic Reading
⑦ **Direct Explanation**
⑧ **Questioning the Author**
⑨ **TSI** : Transactional Strategic Instruction
⑩ **CORI** : Concept-Oriented Reading Instruction

한국에서 학습 전략에 대한 초기 연구는 서구의 이론에 대한 고찰을 통해 효율적인 한국어 읽기 교육 방법을 모색하고 있다. 읽기-쓰기 통합 교육을 시도한 이성희(2007)는 사회구성주의를 이론적 기반으로 하여 CIRC(Cooperative Integrated Reading and Composition-교사의 도움을 받아 학습자 간의 협동적 활동을 수행하는 읽기-쓰기) 교육을 제안하였다. 여기서 읽기는 쓰기 활동을 전제로 한 문제적 접근을 통해 명확한 목표 의식을 고취할 수 있었다. 이와 같은 주장은 Krashen(1985), Ferris & Hedgcock(1998)[6]에서도 찾아볼 수 있다.

2. 읽기 자료의 수정과 선정

텍스트 수정(개작 adapting Texts)에 대한 연구가 교재 개발과 관련된다. 여기서 텍스트의 수정이란 학습자에 맞게 읽기 자료를 개작하거나 단순화

---

[6] Krashen(1985)에서는 양질의 읽기 자료를 읽은 학생들이 더 잘 쓴다고 하였고, Ferris & Hedgcock(1998)에서는 읽기의 양과 쓰기의 질이 밀접한 관련을 갖는다고 보았다.

하기에 관한 연구를 말한다. 텍스트를 단순화(simplification)하거나 혹은 상세화(elaboration)하는 것이 이에 포함된다. Honeyfield(1997) 중급과 고급 학습자들에게는 단순화되지 않는 실제적인(Authentic) 자료를 제공할 필요성을 인정하고 있다.

텍스트 개작 시 고려해야 할 점은 텍스트 이해력의 타당한 측정을 위하여 담화, 통사, 어휘 선택의 수준에서 텍스트 작용에 대한 고려가 필요하며, 독자의 배경지식을 더불어 고려해야 한다.

학습자를 위한 읽기 교재는 문법 설명식 교육(문장 구조 설명, 개념적 읽기 능력에 치중)에 맞는 교재에서 학습자의 텍스트 이해가 문화 학습을 조장하는 방향으로 전개되고 있다. 일찍이 Nutall(1996)은 읽기 텍스트 선택 시 고려할 세 가지를 다음과 같이 설명한 바 있다. ① 내용의 적합성: 학습자가 자신의 목표를 달성하기 위해 재미있고 읽기에 적합하다고 생각할 만한 자료여야 한다. ② 활용 가능성: 자료의 언어와 내용이 목표 달성을 촉진할 것 & 다른 기능과 통합 가능성이 많은 자료여야 한다. ③ 가독성: 어휘와 구조의 난이도가 학습자의 능력에 맞는 자료여야 한다. 이 밖에도 여러 논의에서 텍스트가 읽기에 미치는 영향이 크기 때문에 읽기 자료 선정에 대한 기준을 고민해 왔다.

3. 읽기와 담화

읽기 교재를 개발하기 위해서는 텍스트 구조에 대한 분석이 선행되어야 한다. 텍스트 구조가 학습에 미치는 영향에 대한 연구가 바로 읽기와 담화 연구[7]에 해당한다. 텍스트 구조 학습은 변이 어휘의 사용을 강조하고 수사학적 패턴을 설명해 준다. 읽기와 담화 연구에서는 주제문, 문장을 시작하는 구, 조응하는 연계, 텍스트 개념에 선행하는 제한적 참조를 제시해 준다.

---

[7] 여기서 담화는 텍스트 구조를 설명하는 담화를 말한다. 담화라는 용어에 대한 접근이 여러 가지 방향으로 뻗어 있다.

읽기와 담화 연구에서는 텍스트 이해의 일관성을 세우기 위한 다양한 문법적 구조의 역할을 인지하는 것 등에 주목한다. 실제로 Meyer와 Poon(2001)은 구조 전략 훈련이 성인이나 어린이 모두에게 유효한 학습이라고 주장했다.

텍스트 구조를 훈련시키는 방법은 무엇인가? 텍스트에 대한 인지(認知)를 그림 조직자나 의미 지도, 개요로서의 격자 틀, 수형도, 위계적 요약 등으로 가르칠 수 있다고 보기도 한다. 또는 읽기 중에 과제 수행을 통해서 텍스트 구조를 익히게 할 수 있는데 Chun(2004)의 구조도 그리기가 이에 해당한다.

한국 연구자들은 과제 수행과 관련된 담화와 읽기의 상관성을 주로 논의하였다. 이야기체 텍스트는 설명 텍스트보다 읽기 이해에 효과적이라고 주장(변정임, 2007)하여 읽기 자료의 구조가 학습자의 읽기에 영향을 미친다는 것을 보여 주었다.

〈상호적 전략 교수(TSI: Transaction strategic instruction) 읽기 전략 10가지〉

① KWL : Know, Want to know, Learned   알기, 알기를 원하기, 배우기
② ETR : Experience-Text-Relate   경험-텍스트-관계
③ QAR : Question-Answer-Response   묻고-답하고-반응하기
④ DR-TA : Directed Reading and Thinking Activities
      직접 읽고 생각하는 활동들
⑤ Reciprocal Teaching   서로 가르치기,
⑥ CSR : Collaborative Strategic Reading   협력하는 전략 읽기
⑦ Direct Explanation   직접적인 설명
⑧ Questioning the Author   글쓴이에게 질문하기
⑨ TSI : Transactional Strategic Instruction   상호교섭 전략으로 교수
⑩ CORI : Concept-Oriented Reading Instruction   개념 지향적 읽기 교수

QUIZ

문제 1 읽기 교육에서 '확장 읽기'에 대한 설명으로 틀린 것을 고르세요.

보기
① 확장 읽기는 광범위한 읽기와 같은 말이다.
② 확장 읽기의 효과를 부정적인 연구도 있다.
③ 확장 읽기에 대한 실험 연구가 많이 진행되어 왔다.
④ 확장 읽기는 어휘 양과 관계가 없는 것으로 밝혀졌다.

해설 확장 읽기는 어휘 양을 늘리는 데 효과가 있다는 연구가 있다.

문제 2 읽기 전략에 대한 설명으로 맞는 것을 고르세요.

보기
① 텍스트 이해를 위하여 읽기 전략을 사용할 필요가 있다.
② 읽기 전략으로 대표적인 논의는 텍스트 구조 학습 전략이다.
③ 읽기 전략 중 가장 강력한 전략은 문법 학습 전략으로 전면적으로 활용되고 있다.
④ 읽기 전략과 읽기 교재 개발은 비교적 관계가 적은 것으로 나타났다.

해설 읽기 전략으로 논쟁에 오르는 분야는 확장 읽기이며, 문법 학습 전략은 대체로 보조적으로 차용되고 있다.

문제 3 읽기 교육의 쟁점과 거리가 먼 것을 고르세요.

보기
① 읽기 과정에 활용되는 전략 개발
② 한국어 수사 구조에 나타나는 언어적 특성 파악
③ 정확한 어순과 완성된 통사의 사용
④ 비언어적 의사소통 방법들

해설 비언어적 의사소통은 읽기보다는 듣기에서 중요하다.

정답 ④ ① ④

정리해 봅시다

① 읽기 연구는 읽기에 영향을 미치는 요인인 학습자의 요구, 학습 환경, 언어의 숙달도, 학습자의 유형 등과 관련된다.

② 읽기 교육에 관한 연구는 유창성, 확장적 읽기, 단어 인지, 문법과의 상관성 등이 쟁점 사항에 해당한다.

③ 읽기 교재 개발과 읽기 전략은 관련성이 깊다.

④ 읽기와 어휘, 읽기와 담화, 읽기에서 특수 목적 읽기, 읽기 교육과정 등에 대한 이해가 필요하다.

07장

어휘 지도

들어가며

학습목표

1. 읽기 교육과 관련된 어휘 지도의 이론과 현장을 파악할 수 있다.
2. 읽기 교육에서 어휘 지도 방향을 모색할 수 있다.
3. 급수에 따른 어휘 지도 방법을 활용할 수 있다.

학습목차

1. 어휘 지도 현장
2. 어휘 지도의 중요성
3. 토픽과 어휘 지도
4. 어휘 교재 개발
5. 어휘 지도의 방향

미리 볼까요?

OX 문제

➡ 어휘 지식은 읽기 능력의 기반이 된다. 어휘의 난이도는 전체 읽기 능력의 가장 중요한 예측 요소다. 읽기에서 난이도를 평가할 때 '어휘 빈도'와 '친근성', '단어 길이' 등이 주된 기준이 되는 것은 읽기에서 어휘의 중요성을 증명한다. 그러나 어휘 학습은 수업 중에 부분으로 기획되어야 적절하다. 어휘를 별도의 수업으로 진행할 필요는 없다.

정답

해설

➡ 논란의 여지는 있지만 어휘 수업을 개인 학습으로만 돌리거나 다른 기능 수업의 부분이라고만 엄격하게 규정할 필요는 없다.

1.
어휘 지도 현장

사실 어휘가 읽기에 중요하다는 생각은 언어를 지도하거나 학습하는 모든 사람이 알고 있다. 그러나 그것이 왜 그런지에 대한 본질적인 해답을 제대로 제공하는 연구가 나왔다는 보고는 아직 없다. 우선 어휘 지식을 가르치는 교사들의 마음을 잘 읽은 이야기를 들어 보자.[1]

1) 교사들은 이미 꽉 짜인 단원에서 의미 있는 어휘 가르침을 들어맞게 하려고 노력한다.
2) 읽기 교사들은 어떻게 어휘를 가르치며 그것을 다시 사용할 수 있도록 할 것인가에 대해 흥미가 있다.
3) 교사가 어휘를 가르칠 때 어떤 어휘를 가르쳐야 하고 어떻게 별개로 어휘 학습을 촉진할 것인가에 대해 관심이 있다.
4) 교사들은 어떤 낱말을 안다는 것이 무엇을 의미하는가에 대해 생각하며 제한된 시간에 얼마나 다양한 낱말들을 가르칠 수 있는지 생각한다.

---

1 다음의 '다섯 가지 이야기'는 윌리엄 그래이브와 프레드리카 L. 스톨러(2014: 314)의 이야기를 필자가 이 책에 맞게 재구성한 것이다.

5) 학문을 위한 목적을 지닌 환경에서 L2 교사들은 학업에 관련되는 낱말 목록을 어떻게 자신의 가르침에 통합할 것인지 파악하고자 노력한다.

위의 이야기들은 실제 현장에서 어휘 지도가 급수에 상관없이 교사들의 주요 관심사임을 잘 드러내는 말들이다. 한국어 교사들은 효과적인 어휘 지도에 대한 나름의 방안을 구안하여 사용하거나 어려운 점들을 동료 교사들과 토의하게 된다.

어휘 지식은 읽기 능력과 관계가 깊다. 읽기 능력을 위해서 어느 정도의 어휘를 알아야 하는지[2], 읽기 과정에서 어떤 방법으로 어휘 지도를 해야 하는지가 쟁점 사항이다. 어휘 지도를 읽기 전에 할 것인지 읽어 가면서 할 것인지 혹은 다 읽은 후에 할 것인지는 읽는 목적과 전략에 따라 다르다.

예를 들어 상향식 읽기 모형으로 글을 읽는 초급 학습자는 읽기 전에 어휘와 표현 학습을 해야 한다. 그러나 과다한 어휘 설명은 읽기 전 단계를 비대하게 하고 읽는 목적과 전략을 모호하게 할 수 있다. 학습자의 상황에 맞추는 것이 좋다.

읽기의 유창성은 어휘의 자동적 인식 능력에 좌우된다는 연구 결과들이 있다. 단어 인지를 포함하여 자동적으로 이루어지는 언어적 과정이 중요하게 부각되는 추세다. 글을 읽는 도중에 사전을 활용하거나 주석을 활용하는 방법 등이 어휘력에 긍정적인 영향을 미친다는 연구들이 있다. 이는 읽기를 문화적인 접근과 함께 유도하는 것과 연관된다.

어휘 장

지나치게 급수에 치우치기보다는 읽기와 어휘력의 관계를 살펴서 어휘

---

[2] 연구자에 따라 텍스트 이해를 위해 알아야 하는 어휘 양이 60%라고 하거나, 70%라고 하였다. 또한 텍스트 유형에 따라서 텍스트 이해를 위해 알아야 하는 어휘 양이 다르다고 설명하였다.

지도의 전략을 고민하는 것이 좋다. 어휘 장은 확장적 읽기와 마찬가지로 어휘 지도의 전략으로 주로 활용된다. 이정희·서진숙(2010)은 어휘에 대한 이론적 접근과 더불어 어휘 수업 자료의 개발 사례를 제시하고 있다. 여기에서 이정희·서진숙(2010)은 텍스트를 담은 교재와 연계하여 어휘 자료를 개발할 것과 어휘 장을 통해 활동할 것을 제안하였다. 이 논의는 현재 어휘 교육이 별도의 영역으로 자리 잡지 않았기 때문에 어휘 학습을 보조 학습으로 두고 이에 따라 어휘 교재를 보조 자료 형태로 제한하였다.

2.
어휘 지도의 중요성

읽기에서 어휘의 중요성은 Thondike(1973)과 Stanovich(2000), 그리고 Carver(2003)에서 강조한 바 있다. 특히, Carver(2003)가 어휘 지식과 독해의 강한 관계를 측정하는 값을 매겼을 때 연구자들은 Carver를 대담한 사람이라고 표현할 정도였다. 더불어 연구자들은 확장 읽기가 어휘 구축에 중요하다는 사실을 입증하고 있다(6장). 이는 단어 인지 능력의 향상과 관련된다. 그러나 '넓게 읽기'가 읽기 능력이 증진됐다는 직접적인 연구 결과는 아직 없다. 확장 읽기와 읽기 능력 증진의 관계에 대해서는 부정적인 의견과 긍정적인 의견이 공존한다.

한국어를 배울 때 수준에 따라 알아야 할 어휘는 어떤 것이며 그것을 정하는 기준은 무엇인가? 이에 대해서 다양한 답변이 가능하다. 이에 대한 명확한 대답을 할 수 있다면 어떤 어휘를 먼저 가르쳐야 하는지 알 수 있으며 수준별 학습 어휘를 선정할 수 있게 된다. 한국어 어휘 교재들은 첫째, 국내 대학 부속 한국어 교육기관의 한국어 교재 어휘에서 추출한 어휘. 둘째, 이미 출제된 한국어능력시험(TOPIK)[3]에서 추출한 어휘. 셋째, 외국인

---

[3] 이후 한국어능력시험은 TOPIK(Test of Proficiency in Korean)과 동의어로 사

학습자들이 학습해야 하는 어휘를 선정하기 위하여 국립국어원에서 추출한 '한국어 교육용 어휘'. 넷째, 개인 연구자의 연구 결과로 선정된 어휘. 이렇게 네 가지 기준을 주로 사용하여 표제어를 선정하였다.

학습자들이 필요로 하는 어휘는 교육용 기본어휘라는 이름으로 불린다.[4] 기본어휘란 사용 빈도가 높고 사용 범위가 넓은 어휘의 집합으로 구체적인 자료(교과서, 잡지, 뉴스 방송 등)에서 뽑아낸 구체적이고 객관적인 자료를 말한다. 기본어휘를 선정한 다음에는 수준별로 등급화하게 된다. 등급을 위한 기준은 다음과 같은 것들이다.

- 고빈도로 기초 어휘 순으로 우선 학습 어휘 선정
- 중복 빈도가 높은 단어 순서로 우선 학습 어휘 선정
- 편찬될 교재의 단원별 주제와 관련된 기본어휘를 우선 학습
- 기본 의미를 가진 어휘, 파생력이 있는 어휘를 우선 학습
- 단원의 문법 교수요목과 연계를 가진 어휘를 우선 학습
- 교수 현장에서 필수적인 단어는 저빈도 단어라도 우선 학습

토픽(TOPIK)에서는 어휘 관련 등급별 평가 항목을 정하고 있다. 예를 들어 1급 어휘는 '일상생활에 필요한 가장 기본적인 어휘' 등이다. 4급의 경우 '일반적인 소재를 표현하는 데 필요한 추상적인 어휘' 등으로 항목화되어 있다.

일반적으로 교실에서 어휘를 제시하는 방법은 1) 실물이나 그림, 동작을 통한 설명 2) 분석적 정의를 활용하는 방법 3) 문맥을 활용하는 방법 4) 학습자 모국어 번역을 활용하는 방법 등이 있다.

어휘 제시는 메타언어를 이용하여 쉬운 고유어로 설명하는 것이 좋으며

용하고자 한다. 때에 따라서 '토픽'이라고 표현하기도 할 것이다.
4 이 단락부터 허용 외(2005)(외국어로서의 한국어교육학 개론 개정판, 박이정, 153-162쪽)를 참조하여 정리

지나치게 많은 어휘 정보를 주는 것은 피해야 한다. **문법 정보와 형태 제약을 최소화하고 예문도 (대표적인) 단문으로 제시하는 것이 좋다.** 문법 형태소 어휘는 문장에서 쓰이는 용법을 중심으로 문장 안에서 사용할 수 있게 제시한다.

어휘 지식은 읽기 능력의 기반이 된다. 어휘의 난이도는 전체 읽기 능력의 가장 중요한 예측 요소다. 읽기에서 난이도를 평가할 때 어휘 빈도와 친근성, 단어 길이 등이 주된 기준이 되는 것은 읽기에서 어휘의 중요성을 증명한다.

읽기 활동 전에 익힌 어휘가 있을 때 학습자는 읽는 도중에 해당 어휘에 집중할 수 있다. 따라서 어휘가 중요하지 않은 텍스트에서 중요하지 않은 어휘를 읽기 전에 학습하게 되면 텍스트 독해에 방해가 될 수 있다. 중요하지 않은 어휘는 학습자의 추론 능력에 기대거나 '모르는 단어 건너뛰기 전략'을 촉발하는 것이 좋다.

능숙한 독자(학습자)[5]는 텍스트에서 실마리를 발견하고 스스로 재구성하는 읽기를 수행한다. 성인 한국어 학습자는 자신의 모국어로는 글을 읽고 쓸 줄 알기 때문에 이와 같은 하향식(top-down) 접근이 유용하다. 간단한 텍스트에 대한 정보만 주고 '모르는 단어 추측하기'를 유도하는 것이 좋다.[6]

이와 같은 교실 활동은 짝활동이나 소그룹 활동이 유용하다. 예를 들어 2명이 짝이 되어 텍스트에 나오는 어휘 10개를 예상해 보게 한 뒤, 소그룹을 만들어 서로의 어휘 목록을 비교해 보게 할 수 있다. 또는 텍스트에 나온 어휘와 관련된 어휘들의 목록을 만들게 한 다음, 이 어휘들을 가지고 특성별로 분류하게 하는 활동을 구안할 수 있다.

---

5   반대의 개념은 미숙한 독자(학습자)로 명명된다.
6   그러나 문화적 차이가 현격한 경우에는 텍스트 오독이 강화될 수 있다. 교사는 학습자의 정서적 문화적 배경에 대한 이해가 필요하다. 그래야 텍스트 정보를 어떻게 어느 수준에서 줄 것인가를 결정할 수 있다.

3.

토픽과 어휘 지도

토픽[7]이 대대적으로 변화한 2014년 이전까지 어휘는 토픽에서 1교시 문법 영역에 포함되어 있었다. 그만큼 어휘 지도에 있어서 문법과의 연관성이 강조되었다고 볼 수 있다. 그러나 사실 어휘는 급수에 상관없이 중요한 영역이고 숙달도가 높아질수록 더 많이 필요한 영역일지 모른다.

어휘는 토픽에서 문법과의 영향관계가 높은 것처럼 되어 있으면서 실제 학생들은 2교시 이해 영역의 읽기 테스트(TEST)를 더욱 어려워했다. 이 어려움의 원인은 학생의 개인차나 국적에 따른 변수가 있지만 여기서는 대체적인 경향을 말할 수 있다. 읽기 테스트에서 다양한 어휘들이 대거 출현하는데다가 한국의 문화적인 요인까지 겹쳐져 있어서 학생들은 읽기 테스트의 문항을 다 읽지 못하고 답안지를 제출하는 사태가 빈번했다.

교사들은 읽기 테스트 과락을 방지하기 위한 대책을 마련해야 할 정도였다.[8] 읽기 테스트의 수준이 높지 않더라도 많은 어휘에의 노출은 학생들에게 공포의 대상이었다. 읽기에 관해서는 문제 유형별 풀이 전략이 꼭 필요

---

[7] TOPIK(TEST OF PROFICIENCY IN KOREAN)-한국어능력시험
[8] 2014년 7월 토픽이 개편되기 전까지 네 과목에서 40점이 과락의 기준이었다.

할 수밖에 없었다.

이제는 토픽(TOPIK) Ⅰ이 듣기와 읽기만 시행하기 때문에 어휘가 모든 영역(읽기, 듣기, 쓰기, 말하기)에서 공통으로 중요하다는 인식이 높아졌다고 볼 수 있다. 말하기 시험은 2022년 시범적으로 시행하고 있다.

<표 11> TOPIK 시험 시간표

구분	교시	영역	한국			시험 시간 (분)
			입실 완료 시간	시작	종료	
TOPIK Ⅰ	1교시	듣기 읽기	09:20 까지	10:00	11:40	100
TOPIK Ⅱ	1교시	듣기 쓰기	12:20 까지	13:00	14:50	110
	2교시	읽기	15:10 까지	15:20	16:30	70

그리고 많은 어휘를 노출한 읽기가 토픽2에서 별도 시험 영역이 되면서 토픽 전반에서 어휘와 읽기와의 상관성이 더 강조되었음을 알 수 있다.

4.
어휘 교재 개발

먼저 중급 학습자를 대상으로 하는 몇 개의 어휘 교재를 검토해 보자. 중급 이상 학습자를 위한 어휘 교재[9]는 비교적 최근에 출간되었다.

『쉽고 재미있는 한국어 어휘 1』(2010)-『어휘 1』[10]
『2000 Essential Korean Words for Intermediate』(2014)-『에센셜』
『TOPIK 중급 어휘 40일 정복』(2013)-『어휘 40』
『쏙쏙 TOPIK 한국어 어휘 중급 50』(2014)-『쏙쏙 50』

구성의 측면과 내용의 측면으로 논의할 수 있다. 선별한 네 권의 교재는 각각 저자들이 사용한 표제어 선정 방법을 밝히고 있다. 여기에서 밝힌 어휘 선정의 방법들은 모두 네 가지이며 교재에 따라 이 방법들을 중복으로 사용하기도 한다. 첫째, 국내 대학 부속 한국어 교육기관의 한국어 교재 어

---

[9] 어휘 학습은 중급 이상의 학습자에게 더 중요하다고 볼 수 있다.
[10] 이후 설명에서 간략히 한 교재명을 편의 상 사용하고자 한다. 예를 들어 『쉽고 재미있는 한국어 어휘 1』은 『어휘 1』로 칭한다.

휘에서 추출한 어휘. 둘째, 이미 출제된 한국어능력시험(TOPIK)[11]에서 추출한 어휘. 셋째, 외국인 학습자들이 학습해야 하는 어휘를 선정하기 위하여 국립국어원에서 추출한 '한국어 교육용 어휘'. 넷째, 개인 연구자의 연구 결과로 선정된 어휘. 어휘 교재들은 이처럼 선정된 어휘를 활용하여 그중 일부 어휘를 뽑고 그것을 학습자에게 제공하는 형태의 교재를 구성하고 있다.

<표 12> 어휘 교재의 구성과 내용

기준	세부 항목	어휘 1	에센셜	어휘 40/쏙쏙 50
구성	표제어 선정	국립국어원	국립국어원, TOPIK, 기관교재	TOPIK, 기관교재
	학습 목적	학문 목적	일반 목적	시험 대비
	학습 대상	중급, 유학생	중급, 범용	중급, 범용
	내용의 배열 (기준)	나선형 3/25, 선형 22/25(과, 주제별 단원)	선형(주제)	선형/나선형[12] (빈출 필수 중요 추천/품사)
내용	용법 제시	문장 단위	담화 단위	문장 단위
	관련어 제시	유의어 반의어 관련어 어휘 확장	유의어 반의어 관용구 관련어 참고어 어휘 확장	유의어 반의어 관련어
	연습 문제	소주제별(22과) 20–30문제	소주제별(30–40 어휘) 5문제	30개 어휘 학습 후 약 10문제
	번역 제시	없음	영어, 중국어, 일본어	영어, 중국어(일본어)
	CD 제공 여부	없음	CD 제공	없음

『어휘 1』은 지금까지 출간된 교재 중 유일하게 '수업에서 쓰기 위한(활용하는)' 어휘 책이다. 어휘에 '1'이라는 숫자는 초급 교재라고 착각하게 한다. 그러나 『어휘 1』은 표제어로 판단할 때 중급용이며 현재 1 이외의 것은 출간되지 않았다. 또한 삽화 수준이나 교재의 모습이 유치원 용 그림책 느낌

---

[11] 이후 한국어능력시험은 TOPIK(Test of Proficiency in Korean)과 동의어로 사용하고자 한다. 때에 따라서 그냥 한글로 '토픽'이라고 표현하기도 할 것이다.

[12] 선형과 나선형은 브루너(J. Bruner)의 『지식의 구조』에서 설명한 **교육 원리**로 알려져 있다. 나선형 학습이란 이미 배운 것을 토대로 하여 다음 단계로 나아가는 형태를 말한다. 교사와 학습자에게 전시 학습의 의미는 나선형 학습에서 두드러진다. 항상 새로운 것을 배운다는 것은 학습의 부담감을 높이는 일이므로 피해야 한다.

을 주어서 보다 진지한 학습자에게 어색할 수 있다.

『에센셜』은 초급(2006)에 이어 6년 만에 중급(2014)을 내놓아서 눈여겨 볼만하다. 이 교재는 세 가지 방법을 사용하여 표제어를 선정했고 유의어, 반의어 이외에 의미의 결합 관계까지 모두 제시하고 있어서 독학하기에 유용하다. 특히 담화 단위로 제시되어 어휘 학습을 통한 화법 활용하기 쉽다. 학습자가 이를 CD로 들을 수 있다는 점에서 발음 교육 차원까지 염두에 둔 교재다.

2010년 이후, 유학생과 정부 초청 장학생의 토픽 성적 기준이 강화되면서 기관마다 토픽 수업을 개별 영역 수업으로 진행하는 학교가 늘었다. 이에 따라 토픽 어휘 수업을 겨냥하여 만들어진 교재가 나올 시점이다.『어휘 40』이나『쏙쏙 50』은 이러한 배경에서 만들어졌다고 볼 수 있다. 그러나 살펴본 두 토픽 어휘 교재는 수업에 쓰이기보다는 독학용 교재로서 사전 방식을 날짜로 쪼개 놓은 형태다.

『어휘 40』이『쏙쏙 50』과 구별되는 점은 내용의 배열 부분이다.『쏙쏙 50』이 하루의 어휘 분량을 품사별로 익히도록 설계했다. 반면에,『어휘 40』은 어휘를 '빈출, 필수, 중요, 추천'으로 분류하는 작업을 한 단계 더 거쳤다. 필수 어휘는 토픽 출현 어휘이고 중요 어휘는 기관 교재 출현 어휘이며 빈출 어휘는 토픽과 기관에 동시 출현 어휘라고 나름대로 정의 내렸다.

『어휘 40』과『쏙쏙 50』은 번역어를 달았는데『어휘 40』은 번역어에서 일본어를 제외하였고『쏙쏙 50』은 일본어를 포함하였다.『어휘 40』과『쏙쏙 50』은 날짜별 학습으로 학습자의 나선형 학습을 추구한다. 그러나 중간부터 학습을 시작해도 문제가 되지 않는다.

어휘 교재는 어휘 학습을 할 수 있는 핵심 자료여야 한다. '교재'라는 용어가 이러한 의미를 내포한다고 말할 수 있는데 현재 출간된 어휘 교재는 대체로 사전이나 모음집의 형태를 벗어나지 못하고 있다. 어휘 교재가 언어의 네 가지 기능(機能)(말하기, 듣기, 읽기, 쓰기)을 구현하는 언어자료집으로 활용하고자 한다. 언어자료집이라면 어휘 목록을 제시하는 사전 형태는 적합한 구성일 수 없다. 학습서 형태의 교재라면 주로 교사에 의해 교실 현장에서 구체화하므로 그에 따른 구성을 갖추어야 할 것이다. 현재까지 출간된 어휘 교재는 학습서도 아니고 사전도 아닌 애매한 형태다. 앞으로 다양한 형태의 어휘 교재 출간을 기대한다.

언어의 기능을 구현하는 언어 자료로서의 어휘 교재는 세부적으로 학습 목적, 학습 대상, 내용의 접근 방법에 따라 다르게 개발되어야 한다. 출간된 교재들은 일반 목적의 범용 교재가 대부분이다. 학습 대상의 경우 L2 학습자의 숙달도를 구분하지 않은 교재가 대부분이다. 숙달도를 고려하지 않은 교재들은 초급이나 중급 미달 수준의 어휘를 제공하고 있다. 한국어 교육은 숙달도와 학습 내용에 따라 어휘 학습 전략이 갖추어지고 그에 적합한 어휘 교재 개발이 필요하다.

5.
어휘 지도의 방향

상향식 읽기 모형으로 글을 읽는 초급 학습자는 읽기 전에 어휘와 표현 학습을 해야 한다. 이때 과다한 어휘 설명은 읽기 전 단계를 비대하게 한다. 읽기 전 단계가 지나치게 커지면 학습에서 읽는 목적과 전략을 모호하게 할 수 있다. 또한 어휘에 집착하는 학습자를 만들거나 학습자를 상향식 읽기에 익숙해지게 할 수 있다.

그런데 어휘 학습에서 한국어 중급 학습자는 특별한 위치에 놓여 있다고 보는 연구들이 있다. 대개 한국어 중급 학습자들은 한꺼번에 한국어 고유어, 한자어, 외래어 등에 노출되며 부사, 관용 표현, 추상적인 어휘 등을 본격적으로 학습하게 된다. 따라서 중급 학습자는 적어도 하루에 20개 이상의 새 어휘를 익혀야 한다고 알려져 있다.[13] 한국어 학습자가 통상적으로 1시간 수업에서 10개의 단어를 익힌다고 알려져 있으므로 20개의 어휘를 익혀야 하는 중급 단계 학습자는 초급 학습자와 비교해서 배에 이르는 많

---

[13] 한국어 학습자에 대한 숙달도별 분포에 대한 연구에 따르면 2000년 이후 중급 학습자의 비중이 꾸준히 증가하고 있다고 한다. TOPIK 응시자 분포로 볼 때 2010년 이후 중급 이상 학습자는 초급 학습자보다 많아졌다.

은 양의 어휘를 학습해야 하는 처지에 놓인다. 이처럼 대부분의 한국어 학습자는 중급 단계에서 급격히 강화된 어휘 학습에 직면하게 된다고 알려져 있다.

그러다 보니 중급 교실에서 어휘 학습만으로 시간을 다 할애해 버리는 경우가 종종 발생한다. 그러할 경우 학습 목표에 도달하지 못하고 교사는 교사대로 진이 빠지고 학생들은 학생들대로 복습과 예습에서 이행해야 할 과제를 교실에서 계속해서 교실 수업이 끝난 후에는 뭘 배웠는지 잘 모르게 되는 경우가 있다.

어휘의 양이 많은 학습 단계의 경우 어휘 학습 시간을 충분히 혹은 별도로 둘 수 있다. 이럴 때는 어휘 학습을 제시에 그치는 것이 아니라 익힌 어휘를 적용하는 단계까지 나아가야 하며 적용 시 오류를 정확하게 지적하는 확인 단계까지 거치는 것이 좋다. 이를 위해서는 어휘 학습 모형을 설계하고 학습자에게 맞는 어휘 학습 단계를 거쳐야 한다.

학습자에게 익힌 어휘 적용 시 오류를 줄이기 위해서는 어휘의 지식적 의미 이외에 실제 통용되는 부가적인 의미나 해당 어휘와 연관된 사회 문화적 관습 등도 함께 학습해야 한다. 이에 교사는 어휘 지도를 디자인할 때 가르칠 어휘의 용법 중 어디까지 가르칠 것인가에 대한 어휘 지도 범위를 결정해야 한다.

이렇듯 교사가 어휘의 의미를 학습자에게 제시하는 방식은 중요하다. 그러나 어휘 학습은 제시 후에 어떻게 어휘 인지를 길게 가져갈 것인지에 대한 활동을 구안하는 방안도 중요하다. 학습자의 활동을 면밀하게 살펴서 학습자가 배운 단어에서 유도된 단어의 의미까지 이해할 수 있는지 확인할 수 있는 활동을 만들어야 한다.

예를 통하여 살펴보자.

> **어휘**
>
> - 진갑
>   예 환갑의 다음 해인 62세 때의 생일을 '진갑'이라고 한다.
>   참고 61세: 환갑, 회갑   70세: 칠순, 고희
> - 도지다
>   예 과로로 병이 다시 도지기 시작했다.
> - 몹쓸
>   예 가장 친한 친구를 배신하다니 정말 몹쓸 사람이군.
> - 설왕설래
>   유 입씨름
>   예 사고 원인을 놓고 여러 전문가들이 설왕설래하고 있다.
> - 군식구
>   예 어머니는 매일같이 우리 집에 드나드는 내 친구를 군식구로 여기신다.
>   참고 군-: '덧붙은'을 뜻하는 접두사. 예) 군말, 군불, 군살, 군침, 군것질, 군기침

[그림 1] 어휘 제시의 예

Paribakht and Wesche(1996)은 읽기 텍스트 뒤에 이어지는 어휘 연습의 유형을 분류하기 위해 Gass(1988)의 입력을 통한 다섯 가지 학습 단계를 이용하였다.[14] 이 분류는 어휘 연습을 학습이 일어날 것 같은 조건들과 관련시키고 있다. 특히 Gass의 논의는 어휘 학습을 학습자의 심리적 과정을 살펴서 구분하였기에 주목할 만하다. 세부적인 내용 제공은 문장 단위로 하고 유의어, 반의어, 상위어, 하위어, 연어, 관용구 등도 포함한다.

Gass가 어휘 활동으로 제안한 것을 살펴보면 다음과 같다. 기본 단계는 '알아차리기(noticing)'라고 부른다. 이는 Schmidt(1999)가 주장해서 그 후 학자들이 발전시킨 언어 학습 이론으로 어휘 학습에도 적용된다.[15] 알아차

---

[14] Nation, I.S.P.(2001), Learning vocabulary in another language, Cambridge Univ. Press(김창구 옮김(2012), 『I. S. P. Nation의 외국어 어휘의 교수와 학습』, 소통) 참조.

[15] 어휘 학습 전략을 구상하기 어려운 이유를 생각해 보았다. 어휘 교수에는 몇 가지 딜레마가 있다. 이는 실제 언어 교육 현장에서 경험한 것들인데 이 딜레마가 어휘 교수 학습 개발을 더디게 했을지도 모른다. 한 가지는 개별 어휘에 대한 것이다. 편의상 학습자A(L2 학습자)라고 하자. 학습자A가 어휘A를 한 번 보고 쉽게 어휘의 의미 체계에 편입하였다. 어휘 학습이 성공적이었다. 그런데 학습

리기 조건(선택적 주의)을 이용한 어휘 연습에는 텍스트 앞부분에 주목해야 할 어휘를 배열해 놓거나 텍스트 내에 강조 표시를 하는 방법이 있다. 주요 효과는 학습자의 의식을 높일 수 있는 단어를 다시 만났을 때 그 단어가 눈에 띄도록 하는 것이다. Gass의 두 번째 단계는 '이해된 입력(comprehended input)'이다. 이 단계는 수용적 회상(retrieval)을 향한 첫 번째 단계이다. 이 단계에서는 목표 단어를 동의어, 정의, 혹은 그림과 연결하는 어휘 활동을 한다. 세 번째 단계는 '수용(intake)'이다. 이 단계에서는 목표 단어를 재구조화(재배열)하기 위해 형태소를 분석하고 이를 통해 목표 단어의 문법 범주를 바꾸거나 어간이나 접사를 이용하여 단어를 구축하는 활동을 한다. 네 번째 단계는 '통합(integration)'이다. 이 단계에서는 문맥에서 의미 추론하기, 목표 단어와 연어 연결하기, 목표 단어와 동의어 연결하기, 단어 집합에서 특이한 단어 골라내기 등의 어휘 활동을 하게 한다. 마지막 '출력(output)' 단계에서는 적절한 새로운 문맥에서 목표 단어를 재생해서 산출한다. 이 단계에서는 라벨 달기 활동, 개방형 빈칸 채우기 연습, 목표 단어를 사용하여 질문에 답하기 등의 활동을 한다.

> **〈Gass의 어휘 및 표현 연습의 기본 문형〉**
> ① noticing : 제시어 보고 빈칸 채우기
> ② comprehended input : 반의어, 유의어 고르기

자A가 어휘B의 경우 반복적으로 접하고도 의미를 명확히 파악하지 못했다. 그런데 어휘A와 어휘B는 여러 가지 면에서 비슷한 수준의 어휘다. 그럼에도 불구하고 학습의 차이를 보이는 이유는 무엇인가? 이것은 개인적인 특질의 문제인가? 다른 하나는 보다 근본적인 질문이다. 중고급 대상 한국어 교육 현장에서 종종 겪는 일이다. 학습 목표는 따로 있는데 할애된 시간 동안 어휘만 설명하다가 수업이 끝났다. 학습자들은 사전을 찾는 등 미리 어휘 학습을 하고 왔다. 그런데도 활용해 보니 어휘 사용에 오류가 많았다. 교사는 학습 목표를 도달하지 못하고 어휘만 설명하다 끝난 것이 문제가 있다고 느낀다. 그렇지만 여기서도 두 가지 생각이 함께 떠오른다. 어휘가 많으면 어휘 영역 수업을 별도로 교수요목에서 책정하면 될 일이지만 전반적인 언어 교수에서 어휘는 그 자체의 목적을 넘어서는 것이 타당한 것이 아닐까 하는 이중적인 마음이다.

③ intake : 문법 요소를 이용한 단어 완성하기

④ integration : 연어 완성(줄긋기)하기

⑤ output : 공통으로 들어가는 어휘, 문장 만들기, 속담, 관용구 써 넣기

어휘 연습

1. 다음 밑줄 친 부분에 알맞은 단어나 표현을 쓰십시오.
   1) 이 작품이 그가 죽은 후에 _____(으)로 평가받았다.
   2) 한국의 교육 평가 지수가 상승 _____을/를 보이고 있다.
   3) 거짓말을 _____아/어/여서 친구가 없다.

2. (　　　)에 공통으로 들어갈 알맞은 어휘를 쓰십시오.

   - 그 일은 항간의 (　　　)이/가 되다.
   - 그 사람은 다양한 경험을 해서 (　　　)이/가 풍부하다.
   - 매일 만나다 보니 (　　　)이/가 떨어졌다.

   (　　　　　　　)

[그림 2] 어휘 연습의 예

어휘 지도가 개별 학습자나 교사의 상황에 맡겨져 있는 상황을 점검하였다. 어휘 학습 전략을 개발하여 사용하고 있는 모든 한국어 교사들에게 박수를 보낸다. 그것들을 공유할 수 있는 커뮤니티 형성이 어휘 지도에서 필요하다고 본다. 대체로 같은 기관에 있는 교사들끼리는 자연스럽게 그렇게 네트워크가 형성되어 있는 편이지만 그것이 학술대회 등에서 더욱 광범위하게 공유되어야 한다.

한국어 교육이 발전하기 시작한 지 여러 해를 지나면서 현재 한국어 초급 학습자보다 중급과 고급 학습자의 숫자가 늘어 나는 추세다. 그러면서 한국어 학습에서 어휘 지도의 중요성은 점점 커지고 있다. 이에 대한 이론적이고 학술적인 관심이 요청된다.

여기서는 몇 가지 어휘 지도의 방향을 기법에 기대어 논해보고자 한다.

1. 사전의 활용

학생들은 낯선 낱말을 사전에서 찾아보느라 읽기가 더딘 경우가 많다. 대개는 본질적이지 않고 유용하지도 않은 낱말을 찾는 학생들이 많다. 이럴 때 학생들의 읽기는 방해를 받으며 생각은 중단되고 이해는 제대로 되지 않는다.

효율적인 사전의 활용은 체계적인 연습을 통해서 가능해진다. 교실 수업에서 낱말을 선택하여 사전을 찾게 하는 방안이다. 사전은 일반적으로 발음기호, 품사 표시와 사용되는 다른 줄임말들, 뜻매김, 용법에 대한 주석, 동의어, 철자법에서 선택 내용 등을 담고 있다. 효율적인 사전 사용법은 예를 들어 낯선 낱말의 품사 결정하기, 여러 의미를 지니고 있는 낱말들의 정확한 뜻매김 고르기, 정확한 표제어 고르기, 낯익은 말 표현 찾아보기 등이다.

2. 주석의 효과

교사는 학습자의 제한된 어휘력이 만족스러운 독해를 방해한다는 사실을 봐 왔다. 따라서 독해를 위한 낱말에 대한 간단한 뜻매김이 있는 주석의 유용성은 주로 연구되어(Schmitt, 2008; Nation, 2001) 온 분야다. 주석은 어려운 단락을 학생들에게 쉽게 접근하게 하며, 낱말의 정확한 의미를 제공하고, 읽기의 중단을 최소화하며, 낱말들에 주의를 기울이게 하여 어휘 학습을 촉진한다.

3. 낱말을 모으는 학생들

교실에서 학생들이 알아야 할 모든 어휘를 가르치는 일은 불가능하다. 학생들은 스스로 복습하고 배우는 전략들을 계발할 필요가 있다. 학생들이 낱말을 모으는 기법을 서로 공유하는 것은 유용하다. 학생들은 자신의 학습 유형에 적합한 기법을 찾아내어 그것에 익숙해져야 한다.

> 학생1- 새로운 단어를 적고 어휘 카드에 번역을 적어 둡니다.
>
> 학생2- 공책에 어휘 목록 칸을 두고 새로운 낱말을 보관합니다. 기억하고자 하는 새로운 낱말을 듣거나 읽을 때 이 목록에 더해 놓습니다. 하루에 다섯 개의 새로운 낱말에서 멈춥니다. 대개 낱말을 제가 처음 보거나 읽는 곳에 적어 둡니다.
>
> 학생3- 새로운 낱말들을 가지고 순간 파악 연습용 카드를 만듭니다. 한쪽에는 그 낱말과 품사(그리고 발음)를 적습니다. 다른 쪽에는 뜻매김, 예문, 그 낱말을 기억하는 데 도움을 줄만한 특별한 그 무엇이 포함됩니다.
>
> 학생4- 주제나 대상이 흥미로운 새로운 낱말들로 구성합니다. 공책에는 주제나 대상에 따라 지면을 따로 만듭니다.[16]

어휘 지도는 실제적인 측면이 강함에도 불구하고 어휘 교육에 대한 원리와 방향이 모색 중일 뿐 개별 교사의 역량에 맡겨져 있는 상황이다. 읽기에서 어휘 교육과 관련된 전략을 더 개발하고 현재 개발된 전략을 공유하는 것이 필요하다. 일반적인 전략들인 사전 활용 전략, 어휘 목록 전략, 주석 전략, 어휘 장 활용 전략은 발전시켜서 변인에 따라 적용 가능하다고 할 수 있다.

---

16 윌리엄 그레이브 프레드리카L. 스톨러, 『읽기교육과 현장조사연구』, 글로벌콘텐츠, 322쪽 〈그림7.1〉을 필자가 재구성함.

QUIZ

문제 1 읽기 교육과 어휘 지도에 대한 설명으로 맞지 않은 것은?

보기
① 어휘 지식은 읽기 능력의 기반이 된다.
② 어휘 지도는 읽기 수업에서 많이 할수록 좋다.
③ 어휘 지도는 읽기 단계 중 선택해서 할 수 있다.
④ 텍스트의 적어도 70%의 어휘를 알아야만 해독이 가능하다.

해설 어휘 지도 시에는 어휘를 어느 범위까지 가르치는 것이 효과적인지 확인해야 한다.

문제 2 한국어 읽기에서 어휘 학습에 대한 설명으로 맞는 것은?

보기
① 한국어 읽기에서 어휘 학습은 초급에게 가장 중요하다.
② 한국어 읽기에서 어휘 학습은 복습 형태여야 적절하다.
③ 한국어 읽기에서 어휘 학습은 통합 교육으로 시행해야 한다.
④ 한국어 읽기에서 어휘 학습은 급수에 따라 다르게 이루어진다.

해설 어휘 학습은 모든 급수에서 중요한 문제 중의 하나다. 읽기의 다양한 요소 중에서 어휘 학습의 영향력은 중요하다.

문제 3 어휘 지도 방향에 대한 설명으로 맞는 것은?

보기
① 어휘 학습 전략은 변인에 따라 달라진다.
② 어휘 지도는 사전 활용을 최대화할수록 좋다.
③ 어휘 지도는 학습자 개인 활동으로만 해야 한다.
④ 어휘 학습 전략을 활용하는 교사들이 많지 않다.

해설 어휘 학습 전략은 교사들과 학습자들이 함께 만들어가는 전략이다.

정답 ② ④ ①

정리해 봅시다

① 어휘 지도의 중요성에 비해서 이론적 접근은 많이 이루어지지 않은 편이다.

② 한국어 학습에서 어휘 지도는 중급에서 좀 더 중요한 측면이 있다.

③ 어휘 지도는 급수에 따라 그리고 변인에 따라 다르게 적용된다. 어휘를 가르칠 때 교사는 어휘를 어떻게 제시하고 어떻게 인식시킬 것인지 계획해야 한다. 그리고 모든 어휘를 제시하는 것이 아니므로 제시의 범위를 어디까지 할 것인지도 교실 상황에 맞게 결정해야 한다.

④ 읽기 능력의 중요한 기반 중의 하나인 어휘 학습에 대하여 한국어교육에서 그동안 이론적 실증적 접근이 풍부하지 않았다.

⑤ 어휘 교육에 관한 연구는 외국 이론들을 빌려서 그것을 한국어교육에 적용하는 방식으로 진행되었다.

⑥ 교실 수업에서 어휘 학습이 없는 경우가 없으므로 이에 대한 실증적인 (현장의) 연구들이 필요하다.

⑦ 사전 활용, 어휘 목록 만들기, 주석 달기 등은 넓게 활용되고 있는 어휘 학습 전략 중의 하나다.

08장

읽기 전략

들어가며

학습목표

1. 읽기 전략을 이해하고 활용할 수 있다.
2. 텍스트 관련 읽기 전략과 독자 관련 읽기 전략을 구분할 수 있다.

학습목차

1. 읽기 전략이란
2. 텍스트 관련 읽기 전략
3. 독자 관련 읽기 전략
4. 읽기 전략의 활용

미리 볼까요?

OX 문제

➡ 같은 읽기 전략은 같은 텍스트에 대해서 모든 학습자들에게 동일하게 유효하다.

정답

해설

➡ 텍스트를 읽는 목적이 모든 학습자가 동일할 수 없다. 목적이 다르면 읽기 전략도 달라진다.

1.
읽기 전략이란

읽기란 학습자가 자신의 배경 지식을 이용하여 텍스트의 내용을 이해하는 행위이다. 따라서 읽기는 단순한 언어 이해의 수준을 넘어서는 인지적 처리 과정이라고 할 수 있다. 읽기를 수행할 때 효율적인 인지를 위해 전략 활용은 중요하다.

읽기 영역에서 '전략(strategy)'이란 용어가 사용된 것은 대략 1970년대부터이다. 이 용어가 나온 이후로 전략의 중요성은 강조되어 왔다. 여러 연구에 의하면 일반적으로 수준 높은(읽기에 능숙한) 독자는 전략을 더 많이 사용한다고 알려져 있다. 능숙한 독자는 글을 통해 얻은 정보를 통합적으로 생각할 수 있는 능력과 텍스트 구조를 인식할 수 있는 능력이 있다.

대개 읽기 전략이란 말은 어렵게 다가올 수 있다. 전략이란 말의 본래 의미를 생각해 보면 좀 더 쉽게 이해할 수 있다. 전략이란 전쟁에서 이길 세부적인 전투 방식을 짜는 것이다. 이 말이 다른 분야로 확대되어 '목표로 하는 일을 성취하기 위한 구체적인 방식'을 이르게 되었다. 읽기 전략이라는 것도 읽기를 성공적으로 수행하기 위해서 구체적으로 어떤 방법을 쓸 것인가의 문제이다. 다양한 방법을 적절한 곳에서 쓰는 것이 관건이다.

읽기 목적이나 텍스트에 따라서 읽기 전략이 달라질 수 있다는 말은 전쟁 상황에 따라서 세부적인 전투 방식이 달라져야 한다는 말과 맥을 같이 한다. 읽기를 효율적으로 할 수 있는 수많은 방법이 개개인에게 달리 있을 수 있지만 텍스트와 읽기 목적은 읽기 전략을 선택할 때 빠져서는 안 되는 고려해야 하는 요소이다.

Hosenfeld(1972)에 의하면 전략을 사용하는 독자는 중요하지 않은 단어는 건너뛰고 읽으며 전체 문단의 의미를 파악하는 학습자였다. 반면에 그렇지 않은 독자는 모든 단어에 집중하고 전체 의미보다 개별 단어 이해에 초점을 맞추는 학습자였다. 능숙한 독자와 미숙한 독자의 차이는 전략을 활용할 수 있느냐에 달려 있었다.

이처럼 Hosenfeld(1972)의 연구는 성공적인 학습자가 '선택적 읽기'라는 전략을 사용하고 있음을 보여 주었다. "전략"이란 단순하게 말하면 "선택"의 문제이다. 따라서 **전략이란 '학습자가 글을 읽을 때 의도하는 목적과 목표를 달성하기 위해 선택하고 통제하는 의도적인 행동'**이다.

한편 Cohen(1990)은 **'독자가 글을 읽을 때 의식적으로 선택하는 정신적 과정'을 전략**이라고 정의했다. 글을 읽을 때 자동적으로 사용되는 기술, 또는 독자의 인지적 능력, 텍스트 중심의 능력과는 다른, 독자가 읽기 과정에서 직면하는 문제를 해결하기 위해 사용하는 '의식적 선택 수단'으로 보았다.

코헨(1990)의 논의를 받아들인 강현화·원미진(2017:197-198)에서도 전략을 의식적 선택 수단으로 보고, 읽기 기술과 읽기 전략의 차이는 의식적으로 그것을 사용하는 지의 여부에 있다고 하였다. "많은 경우에 있어 무엇이 전략인지 무엇이 기술인지는 명확하지 않으며 처음에는 분명해 보였던 기술과 전략의 차이가 모호해졌다. 예를 들면 어떤 과정(예, 중심 내용 찾기)은 기술이나 전략에 다 적용된다. 결국 중심 내용 찾기 기술과 중심 내용 찾기 전략 중에 어떤 이름을 붙여야 할지는 독자가 의식적으로 이 과정을 진행하는지, 아니면 자동적인 방법을 통해 사용하는지에 달려있다고 할 수

밖에 없다"고 설명했다.

읽기 전략은 누가 사용하는지, 어떤 글을 읽을 때 사용하는지, 어떤 상황에서 사용하는지, 어떤 목적으로 사용하는지[1]에 따라서 유용성의 여부가 달라진다. 먼저 텍스트 유형에 따라서 외국어로서 한국어 학습자의 읽기 전략이 달라진다. 예를 들어 주장하는 텍스트는 비판적 이해 전략이 사용되고 설명하는 텍스트는 사실적 구조 이해 전략이 사용된다.

또한 학습자가 수행하는 과제에 따라서도 사용 전략이 달라진다. 읽기 목적이 요약하기일 때와 비판하기일 때는 다른 전략을 사용할 때 읽기 수행이 원활하다.

그러므로 읽기 전략은 상당히 범위가 넓으므로 텍스트의 유형이나 독자의 읽기 목적에 따라서 다른 읽기 전략을 사용하기 위한 별도의 훈련이 필요하다. 읽기에서 전략이 중요하기에 읽기 교수에서는 읽기 전략을 명시적으로 교수하는 것 또한 필요하다. 일정 기간 읽기 전략을 명시적으로 가르친 학습자들이 그렇지 않은 학습자들에 비해 읽기 능력이 보다 빨리 향상된다.

여기서 말하는 읽기 전략이란 다시 말해 '선택'과 관련된다. 무엇을 버리고 무엇을 취할 것인가의 문제이다. 독자는 읽을 때 버릴 것을 버리고 취할 것을 취하기 위해서 어떻게 할 것인가를 계속 고려한다. 바르게 버리고 취하기 위해서 텍스트 유형, 구조, 응집 장치를 파악한다.

이를 바탕으로 독자는 인지 전략과 초인지 전략을 사용한다. 간단히 말해 인지 전략은 텍스트 자체 내용의 변별적인 선택을 위한 전략이라 할 수 있으며 초인지 전략은 텍스트 내용의 변별적 선택을 위한 계획과 변별적 선택이 바르게 되었는지 평가하는 전략이라 할 수 있다.

---

[1] 남신혜(2015)에서는 과제의 유형에 따라서 읽기 전략이 달라짐을 보여 준다. 비판하기와 요약하기 과제를 수행할 때 사용하는 전략이 달랐는데, 이를 통해서 읽기 목적에 따라 사용 전략이 달라짐을 알 수 있다.

읽기 전략은 읽기 과정에서 활용되므로 읽기 과정을 도식화하여 **전략**을 도출할 수 있다.

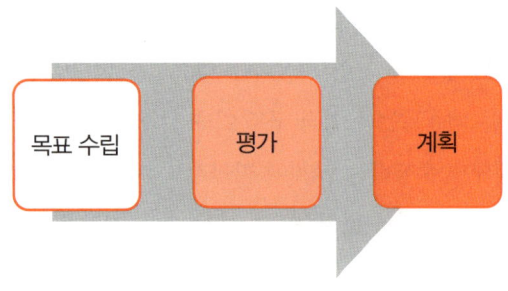

[그림 3] 읽기 과정

목표 수립은 과제 인식 후 학습자가 도달하고자 하는 지점을 정하는 것이다. 그런 다음에는 수행한 결과에 따른 '평가'가 이루어진다. 학습자 자신의 읽기 능력과 향상을 위해 요구되는 것이 평가다. 평가를 거친 후에는 학습자 자신의 배경지식을 활용하여 어떻게 수행할 것인지에 대한 '계획'을 다시 세운다.

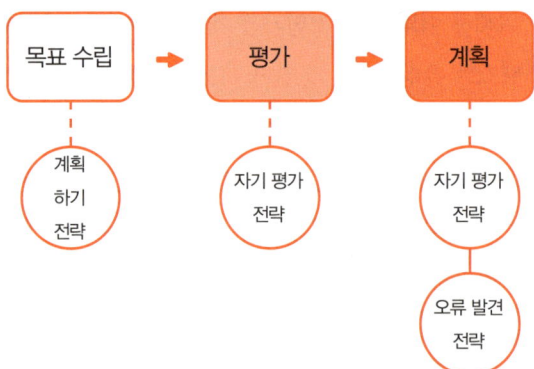

[그림 4] 학습자의 읽기 수행 전략

Cohen(1990)은 학습자의 읽기 수행에서 위 그림과 같은 읽기 전략이 활용된다고 하였다. 코헨(1990)에 따르면 계획하기, 자기 평가하기, 계획 수정하기, 오류 발견하기 등이 모두 전략적 활동에 해당한다. Cohen(1990)이 설명한 읽기 전략의 특성과 유용한 전략의 예를 보면 다음과 같다.

> (1) 상위 단계 전략을 도와주는 지원 전략 : 훑어 읽기, 건너뛰어 읽기, 글에 표시하기, 어휘 풀이 사용 전략
>
> (2) 의역하거나 다른 말로 쉽게 풀어 어휘나 문장 수준에서 글의 의미를 명확히 이해하기 위한 인지 전략 : 구문의 간략화, 어휘나 구의 동의어나 유의어 찾기, 핵심적인 아이디어 찾기, 텍스트의 기능 찾기
>
> (3) 담화 수준에서 글의 전체적 의미와 일관성 파악을 위한 응집성 전략 : 텍스트에 사용된 일반 지식이나 단어 이용, 글 조직, 문맥 이용, 글의 담화 기능 구별(소개, 정의, 예증, 결론 등)
>
> (4) 초인지 전략(읽기 과정 점검을 위한 의식적 전략) : 단계별로 초인지 전략을 쓸 수 있다.

이 전략들은 텍스트 관련 전략과 독자 관련 전략이 섞여 있다.
다음은 지금까지 살펴본 전략보다 활용 가능한 읽기 전략을 살펴보자. Urpuhart와 Weir(1998)에서는 구체적인 메타 인지 전략을 소개하였다. 이 읽기 전략은 읽기 과정에 따른 것이다. 읽기 과정은 읽기 전, 읽기, 읽은 후 이렇게 세 단계로 이루어진다.

〈읽기 전 활동〉
- 사전 검토 : 제목, 목차, 서론 등을 살펴 전체를 읽을지, 부분을 읽을지 등을 결정하는 것
- 예측 : 텍스트 내용에 대해 미리 생각하며 관련되는 배경지식을 활성화시키는 것.

〈읽기 단계 활동〉
- 자기 질문(독자가 주도하는 텍스트 혹은 저자와의 대화)
- 자기 점검(독자 스스로 이해 정도 점검, 문제 발생 시 보상 전략 사용)

〈읽은 후 활동〉
- 평가
- 개인적 반응(텍스트 내용을 독자의 경험이나 지식에 비추어 평가하며 텍스트와 텍스트 밖의 세상을 연관 지어 생각하기)

여기 제시한 활동들이 전략적인 활동이다.

2.
텍스트 관련 읽기 전략

텍스트 특성은 읽기 이해에 영향을 미치는 요소 중 하나다. 교수자와 학습자가 텍스트의 각 특성에 따라 어떠한 읽기 전략을 활용할 수 있는지 알면 읽기 수업 설계에 도움을 받을 수 있다. 텍스트 유형에 따라 텍스트 구조가 어떻게 다른지, 텍스트 구조의 차이에 따라서 어떠한 읽기 전략과 과제(task)를 사용할 수 있는지 알아야 한다.

1. 텍스트 유형별 읽기 전략

텍스트 유형은 분류 기준을 어디에 두느냐에 따라서 달라진다.[2] 텍스트 생산자의 '인지적 구도'에 따라서 ① 기술 텍스트, ② 이야기, ③ 설명 텍스트로 나눌 수 있다. 또는 텍스트 사용 목적에 따라서 ① 정보, ② 오락, ③ 설득, ④ 심미적 텍스트로 나누기도 한다.

---

[2] 이중진(2009), 「한국어 읽기교재의 텍스트 구성 방안 연구」, 『이중언어학』 제40호'에 보면 이에 대해 여러 가지 분류 기준을 확인할 수 있다.

실용텍스트 유형은 제보, 호소, 책무, 접촉, 선언(브링커의 분류)으로 나누는데 이는 화용론의 입장에 있다. 다른 기준인 매체 성격에 따라서는 텍스트를 ① 발화(대화, 독백, 독화, 서사), ② 작품, ③ 문서, ④ 영상(고영근의 분류)으로 나눌 수 있다.

이처럼 텍스트 유형을 나누는 기준은 생산자의 인지적 구도, 텍스트 사용 목적, 화용론적 입장, 텍스트의 매체 성격에 따라 다르게 묶어진다. 그 중 Warren(1992)은 텍스트 유형을 이야기(narrative), 기술(description), 논술(argumentative), 설명(exposition), 이렇게 네 가지로 구분하고 유용한 전략을 논하였다.

이러한 텍스트 유형 분류는 텍스트의 구조에 따른 것이다. 예측 가능한 인과 구조를 가진 이야기, 해석 없이 풀이한 구조를 기술 텍스트, 논리적인 구조를 논술, 비교와 대조, 원인과 결과, 문제 제기와 해결 등이 들어 있는 텍스트를 설명 텍스트라고 하였다.

① **이야기 글의 구조** : 일정하고 예측 가능한 인과 구조를 말한다.
　　특징 → 이야기 전개, 등장인물들의 관계 등에 대한 배경지식이 요구되므로 자신의 배경지식에 의존한다.

② **기술한 글의 구조** : 설명과 유사하나 해석이나 의미 풀이를 별도로 하지 않고 있는 그대로를 풀어서 보여 준다.
　　→ 전략적 과제 : 사실을 잡아채는 능력이 필요한 과제들, 예를 들어 같은 공간을 묘사한 글을 가지고 다른 부분 찾기 등

③ **논술 글의 구조** : 논리적인 구조로 적합성과 타당성이 충분하고 인과관계가 정확하다.
　　특징 → 사실과 주장을 분리하고 전제되는 정보가 무엇인지를 파악하는 능력이 요구된다.

> → **전략적 과제** : 전제나 가정, 함축하는 점 파악하기, 추론하기, 사실과 의견 구분하기, 제시된 근거의 타당성 평가, 글쓴이에게 자신의 의견을 밝히는 편지 쓰기 등
>
> ④ **설명적인 글의 구조** : 비교와 대조, 원인과 결과, 문제 제기와 해결 등의 다양한 구조를 말한다.
> **특징** → 정보 제공을 위해 새로운 내용과 개념이 자주 등장하므로 독자의 배경지식보다 텍스트 의존성이 크다.
> → **전략적 과제** : 다이어그램 그리기, 순서 짓기, 위계 만들기, 의미망 만들기, 주요 정보와 세부 정보 나누어 표시하기, 표 완성하기 등

2. 텍스트 구조의 패턴 이해

단어와 문법 규칙으로 문장을 이해하는 것을 바탕으로 여러 가지 정보 사이의 논리적 관계를 이해하면 글을 효과적으로 이해할 수 있다. 텍스트의 구조적 패턴을 이해하며 읽는 것은 독해 전략의 중요한 부분이며 이것을 잘 이해하면 글의 의미를 파악하는 데 도움이 된다.[3]

Warren(1992)이 텍스트 구조에 따라서 텍스트 유형을 분류한 것은 이 때문이다. 설명 텍스트의 경우, 여러 가지 패턴이 있더라도 설명 대상에 따라서 같은 패턴이 반복된다. 여러 텍스트를 접하게 되면 읽기 학습자는 텍스트의 구조를 쉽게 파악할 수 있다. 그러나 교사는 사전에 텍스트 구조를 제시함으로써 전략적 읽기를 도울 수 있다.

---

3 김성은(2005), 「담화구조 학습이 읽기에 미치는 영향–설명적 텍스트를 중심으로」, 『외국어로서의 한국어교육』 30, 연세대학교 한국어학당, 45-76 참조.

3. 텍스트 응집성을 위한 장치

텍스트 생산자는 텍스트를 일관성을 위해 텍스트 내용 외에 추가로 언어적 특질을 사용할 수 있다. 그 하나로 응집성을 예로 들 수 있다.

만약 텍스트에 응집성을 위한 장치가 나타나 있을 때 독자(학습자)는 그 장치를 활용하여 문장 간 혹은 단락 간의 관계를 파악할 수 있다. 또한 장치가 없을 때는 앞뒤의 관계를 추론하여 파악할 수 있다.

말하자면 지시대명사, 인칭대명사, 접속사 등이 응집성을 위한 언어적 장치들이다. 이러한 담화 표지어에 대한 지식은 문장 간의 논리적 연결, 문맥의 관계 인식, 앞으로 나올 내용에 대한 추론 등을 가능하게 하여 텍스트의 의미를 파악하게 해 준다.

<표 13> 텍스트 응집성을 위한 담화 표지어(discourse marker)의 예

수사적 어휘	예를 들어, 첫째, 둘째, 우선, 먼저 마지막으로, 다음으로, 결과적으로 등
부가적 어휘	다시, 또, 역시, 게다가, 더불어, 마찬가지로, 비슷하게 등
논리적 연계를 나타내는 어휘	그래서, 그러나, 따라서, 그러므로, 그러함에도 불구하고, 요약하면 등
설명적 어휘	즉, 다른 말로 하면, 다시 말해서 등
예증 어휘	예를 들면, 예를 들어, 예컨대 등
대비적 어휘	반면, 역으로, 대신에, 한편, 이와는 대조적으로, 어쨌든 등

3.
독자 관련 읽기 전략

독자 관련 읽기 전략은 Anderson(1999)은 '인지 읽기 전략', '메타 인지 전략', '보상 읽기 전략'으로 설명하였고 Israel(2007)은 메타 인지 읽기 전략을 단계별로 제시했다.

1. 인지 전략

인지 전략은 문맥을 통한 단어의 의미 유추에서부터 대의 파악을 위하여 전체 텍스트를 훑어 읽는 것에 이르기까지 기본적으로 읽기를 가능하게 해 주는 인지적 과정에서 활용하는 전략을 의미한다.

예측하기, 요지 파악하기, 어휘 의미 추측하기, 요약하기, 사실과 주장 구분, 어려운 부분을 작게 쪼개서 읽기, 문맥 내에서 모르는 단어 의미 추측하기, 담화 표지어로 문장이나 단락 간 연결 관계 이해하기, 제목으로 글의 요지 파악하기, 배경지식 활용으로 글의 의미 파악하기, 추론하기 등이 인지 전략에 속한다.

인지 전략에서 '요약하기'는 강력한 영향력을 발휘한다고 알려져 있다.

자신의 첫 번째 책이 요약과 발췌로 이루어져 베스트셀러가 됐다고 하면서 유시민(2015: 68)은 다음과 같이 말했다. "요약은 텍스트를 읽고 핵심을 추려 논리적으로 압축하는 작업이다. 텍스트를 이해하고 문장을 만들 능력만 있으면 누구나 할 수 있다. 독해력과 문장 구사력 그리고 요약 능력은 서로를 북돋운다. 독해력이 좋을수록 요약을 더 잘할 수 있다. 요약을 전제로 텍스트를 읽으면 독해력을 기르는 데 큰 도움이 된다"고 하였다. 요약을 연습하면 읽기와 쓰기가 다 좋아진다는 말이다. 인지 전략으로 요약을 연습해 보자.

2. 메타 인지 전략

메타 인지 전략은 읽기 경험 자체와 관련된 것으로 자신이 어떤 전략을 사용하고 있는지, 어떤 지식을 활용하고 있는지 등에 대한 인식을 수반하는 경우를 일컫는다. 다른 말로 '초인지 전략'이라고 하거나 '상위 인지 전략'이라고도 한다.

읽기 과정 모니터링, 읽기 능력 향상을 위한 목표 설정, 새로운 자료 읽기 전 관련 어휘 목록 작성, 읽기 기술 습득을 위해 동료 학습자와 협력하여 학습하기, 이해 정도 점검, 사전 읽기 계획 세우기 등이 포함된다.

<표 14> 메타 인지 읽기 전략(Israel, 2007)

단계	메타 인지 전략	내용
읽기 전 단계	Planning Strategies	Activating Prior Knowledge Over viewing Information in the Text Relating Text-to-Text Relating Text-to-self
읽기 단계	Monitoring Strategies	Determining Word Meaning Questioning Reflecting Monitoring Summarizing Looking for Important Information

읽은 후 단계	Evaluating Strategies	Thinking Like the Author Evaluating the Text Anticipating Use of Knowledge

사고 구술(think-aloud)은 메타 인지 전략이 될 수 있다. 독자가 읽고 있는 상황(읽으면서 생각하는 상황)을 그대로 문장으로 표현해서 다시 살펴보는 것이다. 인지 심리학자 린다 플라워(Flower, Linda, 1989)가 실제로 글쓰기의 과정을 탐색하기 위해서 사용한 것으로 알려져 있다. 읽기가 심리적인 과정이므로 사고 구술을 활용하면 자신의 읽기 과정을 확인할 수 있다.

3. 보상 전략

학습자가 자신의 부족한 부분을 보충하기 위해 사용하는 전략을 보상 전략이라고 한다. 자신의 배경지식 활용하기, 중요한 세부 사항 메모하기, 이해한 것을 기억하도록 노력하기, 읽은 내용의 목적과 어조를 다시 살피기, 읽은 내용의 장면을 머릿속에 그려보기, 주요한 생각과 세부 사항 재검토하기, 기억하기 쉽도록 신체적 행동으로 반응하기, 이야기를 의미 그룹으로 분류하기 등이 포함된다.

4. 아웃풋 전략

한근태의 고수의 독서법을 아웃풋 전략으로 우리 논의에 필요한 부분만 추려서 소개하고자 한다.[4] 이 전략은 능동적인 읽기의 최전선에 있다.

첫째, 처음부터 끝까지 읽어야 한다는 고정관념을 버리고 맥락적으로 살펴 읽어야 한다. 필요한 경우는 발췌해서 읽고 나머지는 과감하게 잊어야 한다. 필요한 정보를 찾아서 읽을 수 있어야 한다.

---

4 한근태, 『고수의 독서법을 말하다: 이 시대의 멘토, 한근태』, 이지퍼블리싱, 2020, 88-90.

둘째, 보면 바로 읽어야 한다. 읽기도 음식처럼 유통기간이 있다. 싱싱할 때 바로 읽어야 한다. 뭐든 첫 느낌이 중요하다. 처음에 아닌 건 끝까지 아닌 경우가 많다. 지나친 인내심을 요구하는 읽기는 포기해도 된다. 괜찮은 글은 강요하지 않아도 다 읽게 된다.

셋째, 비판적으로 읽어야 한다. 능동적인, 해석적인 읽기다. 메시지를 다 받아들일 필요는 없다. 늘 객관적이고 비판적인 시각을 유지하려고 노력하라. '누구의 입장에서 쓴 것일까?', '여기에 이 사례가 적절할까?', '이 사람이 전하는 메시지는 무엇일까?' 등을 생각하며 의심하는 마음으로 읽는다.

넷째, 읽는 것보다 기억하는 게 중요하다. 이를 위해서는 책을 함부로 다뤄야 한다. 줄도 긋고, 접기도 하고, 포스트잇도 붙이고, 메모하기 전략을 활용하라. 거칠게 읽은 후 그 내용을 요약해서 머릿속에 입력할 수 있다. 필사를 하면 시간은 걸리지만 책 내용을 좀더 잘 기억할 수 있다. 그냥 눈으로만 읽은 책은 나중에 읽었는지조차 가물가물할 수 있다. 요약하고 필사하면 기억에 오래 남는다.

다섯째, 읽은 책에 대해 자꾸 이야기해야 한다. 다른 사람과 읽은 것을 나누면 혼자 읽을 때와는 완전히 다른 경험을 하게 된다. 열 사람이 읽고 그에 대해 이야기를 나누면 열 가지 다른 이야기가 아니라 그보다 더 엄청난 이야기들이 쏟아져 나온다.

여섯째, 읽은 것과 관련 있는 다른 콘텐츠를 함께 접하는 것이 좋다. 상호텍스트 전략을 활용하라. 특히, 문화적 지식이 들어 있는 경우는 관련 영화, 유튜브, 세리시이오 같은 것을 보면 훨씬 기억에 오래 남는다.

4. 읽기 전략의 활용

읽기 실전에서 수업 상황을 구체적으로 설정하고 생각해 보면 이해하기 쉽다. 교사는 상황에 따라서 내용을 선택한 후 어떤 전략을 쓸 것인지 결정할 수 있다. 특정 상황을 설정한 후 읽기 단계 과정 등에서 활용할 만한 전략(사소 구술 전략, 요약하기 전략, 의미 지도 그리기 전략)을 예로 든다. 선정한 읽기 자료는 고급 읽기 자료에 해당한다고 할 수 있다.

읽기 자료의 예시 2

※ 다음을 읽고 내용이 같은 것을 고르십시오.(각 2점)

> 한 회사가 사내 커피숍을 장애인 단체에 위탁하여 운영하도록 하고 있다. 커피숍의 모든 직원은 장애인 단체에서 마련한 직업교육 프로그램에 참여한 사람들이다. 이들은 커피숍에서 주문을 받거나 빵을 만드는 일을 담당하고 있다. 이러한 사업 방식은 장애인들에게 일할 수 있는 기회를 제공한다는 점에서 긍정적으로 평가된다. 회사는 앞으로 이 사업을 확대해 장애인들의 자립을 도울 예정이다.

① 위탁 사업에 대해 걱정하는 사람들이 많다.
② 커피숍에서 일하는 사람들은 회사의 직원들이다.
③ 회사는 더 많은 장애인 단체에 일을 맡길 계획이다.
④ 커피숍의 직원들은 회사가 제공하는 직업 교육을 받았다.

▶ **사고 구술(메타 인지 전략)**

한 회사가 사내 커피숍을 장애인 단체에 위탁하여 운영하도록 하고 있다(그렇군! 좋은 일이야). 커피숍의 모든 직원은 장애인 단체에서 마련한 직업 교육 프로그램에 참여한 사람들이다.(장애인 단체가 직업 교육을 실시했군) 이들은 커피숍에서 주문을 받거나 빵을 만드는 일을 담당하고 있다(이들은 장애인들이군. 빵이 맛있겠는 걸!). 이러한 사업 방식은 장애인들에게 일할 기회를 제공한다는 점에서 긍정적으로 평가된다(당연하지, 누구나 일할 수 있어야지). 회사는 앞으로 이 사업을 확대해 장애인들의 자립을 도울 예정이다(좋은 일이야, 그래야지).

▶ **요약하기(인지 전략)**

사내 커피숍을 장애인 단체가 운영하는데 긍정적인 평가를 받아서 회사가 이 사업을 확대할 예정이다.

▶ 의미 지도 그리기(보상 전략)

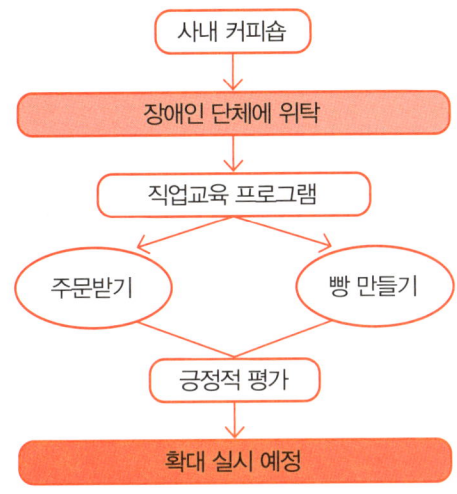

[그림 5] 의미 지도 그리기의 예시

QUIZ

문제 1 사고 구술(think-aloud)은 어떤 읽기 전략이라고 할 수 있나?

보기
① 아웃풋 전략
② 인지 전략
③ 메타인지 전략
④ 보상 전략

해설 자신의 머릿속을 다시 살피는 전략이다.

문제 2 코헨(1990)의 읽기 전략 중 초인지 전략에 해당하는 것은?

보기
① 계획하기
② 텍스트 기능 찾기
③ 글의 담화 기능 구별
④ 어휘 풀이 사용 전략

해설 초인지 전략은 읽기 과정 점검을 위한 의식적 전략으로서 목표 수립, 계획, 평가 등과 관련된다.

문제 3 독자 관련 읽기 전략 중 "인지 읽기 전략"에 해당하지 <u>않는</u> 것은?

보기
① 요지 파악하기
② 어휘 의미 추측하기
③ 중요한 세부 사항 메모하기
④ 제목으로 글의 요지 파악하기

해설 중요한 세부 사항 메모하기는 보상 전략에 해당한다.

정답 ③ ① ③

정리해 봅시다

① 텍스트 특성에 따라 읽기 전략이 달라질 수 있으므로 텍스트의 유형, 구조 등에 대해서 알아야 한다.

② 전략이란 글을 읽을 때 자동으로 사용되는 기술, 또는 독자의 인지적 능력, 텍스트 중심의 능력과는 다른, 독자가 읽기 과정에서 직면하는 문제를 해결하기 위해 사용하는 의식적 선택 수단이다.

③ 읽기 전략 훈련이 학습자에게 훈련되어야 한다.

④ 읽기 교수에서는 읽기 전략을 명시적으로 교수하는 것 또한 필요하다. 일정 기간 읽기 전략을 명시적으로 가르친 학습자들이 그렇지 않은 학습자들에 비해서 읽기 능력이 향상되었다.

⑤ 전략이란 학습자가 글을 읽을 때 의도하는 목적과 목표를 달성하기 위해 선택하고 통제하는 의도적인 행동이다.

⑥ 코헨(1990)은 전략을 독자가 글을 읽을 때 사용하기 위해 의식적으로 선택하는 정신적 과정이라고 정의했다.

⑦ 읽기 전략은 누가 사용하는지, 어떤 글을 읽을 때 사용하는지, 어떤 상황에서 사용하는지, 어떤 목적으로 사용하는지에 따라서 유용성이 달라진다.

⑧ 텍스트 특성은 읽기 이해에 영향을 미치는데, 텍스트 유형, 텍스트 구조의 차이에 따라서 다른 읽기 전략을 사용할 수 있다.

⑨ 읽기 전략에는 크게 나누어 보면 인지 읽기 전략과 초인지 읽기 전략이 있고 이 외에도 지원적, 보조적 전략들이 있다.

09장

단계별 읽기 활동

들어가며

학습목표

1. 읽기 단계별 원리와 활동을 비교하고 적용할 수 있다.
2. 읽기 단계별 전략을 활용할 수 있다.

학습목차

1. 단계별 읽기 활동의 필요성
2. 읽기 전 단계의 활동과 전략
3. 읽기 단계의 활동과 전략
4. 읽은 후 단계의 활동과 전략
5. 읽기 단계별 전략의 활용

미리 볼까요?

OX 문제

➡ 읽기 단계별 활동들은 명확하게 구분이 지어질 수 있다.

정답

해설

➡ 읽기 단계별로 구분이 지어지는 활동도 있지만 각 단계에서 반복하여 활용할 수 있는 활동들도 있다. 이는 읽기에 수반되는 사고가 선형적으로만 이루어질 수 없기 때문이다.

1.
단계별 읽기 활동의 필요성

1. 나선형 사고 과정

읽기 수업을 디자인하기 위해서는 읽기 활동에 수반되는 인간의 사고 과정에 대한 이해가 필요하다. 이에 대해서는 인지 심리학의 연구 결과들이나 현재 읽기에 대한 논쟁에 기대어 대략적으로 살펴볼 수 있다.

현재 읽기는 능동적이고도 적극적인 이해 영역이라는 것에 대체적으로 동의하고 있다. 읽기를 '글에 제시되어 있는 정보와 독자 자신의 배경지식을 결합하여 글 전체의 의미를 구성하는 의미 있는 정보를 얻고 처리하는 과정'으로 보고 있다.[1] 읽기에서 독자 자신의 배경지식이 중요해졌다. 배경지식이 다르면 같은 읽기 자료도 다르게 읽힌다는 점이 읽기에서 논쟁적인 사항이다.

따라서 읽기에 대한 이해에서 중요한 개념으로 떠오른 것이 '스키마'이다.[2] 독자의 배경지식과 관련된 스키마를 고려하면 사고 과정으로서의 읽

---

1 이에 대해서 이 책의 1장에서 상세히 하였다.
2 스키마 이론은 바틀렛(Bartlett)이 「유령의 전쟁 The War of the Ghost」 인디언

기에 접근하기 쉬워진다.

그런데 우리의 사고 과정이라는 것이 그다지 논리적이거나 목표를 향해서 일방향이지 않다. 우리의 생각은 중구난방이고 이런저런 생각들을 수시로 자유자재로 한다. 읽을 때도 마찬가지 과정이 일어난다. 이러한 사고 과정에 대한 이해를 바탕으로 한다면 읽기는 어떠한 선형적인 사고 과정이 아니며 나선형의 사고 과정을 거친다고 볼 수 있다.

이러한 자유자재의 사고를 읽기 목표 안에 통제하기 위해서 필요한 것이 읽기 단계다. 읽기 과정이 선형적이지 않기 때문에 읽기 단계를 추려보는 것이 중요하다. 역사적으로 보면 지금까지 읽기를 개인적인 활동으로만 생각해서 읽기 단계조차 나누지 않아 왔다. 읽기를 단계로 나누는 일은 읽기를 수업에서 통제하여 목표에 도달시키기 위해서 교수학습을 적용한 결과인 셈이다.

읽기 학습에서는 읽기를 시작하기 전이나 읽는 중, 읽은 후에 학습자의 사고를 활성화시켜서 읽기를 효율적으로 하기 위한 방안으로서 읽기 각 단계별 원리를 이해하고 그에 따른 활동들을 연결시킨다. 이때 각 단계별로 수많은 활동이 나열되고 있는데, 이는 이미 읽기를 가르친 선험자들의 다양한 방법들이다. 읽기 학습을 진행하고 연구하는 사람들이 제시한 이 수많은 활동이 모든 글에 적용될 수는 없다. 글의 유형이나 읽기 목적, 학습자의 언어 수준, 교수-학습 환경들에 따라서 유용한 활동들이 달라질 수 있음을 염두에 두는 것이 좋다. 그것이 전략적 읽기의 방법이다.

문화에 관한 서사문을 가지고 창출해 냈다고 한다(이순영 외, 2015:495).

2. 읽기 단계

읽기는 읽기 전 단계, 읽기 단계, 읽은 후 단계로 나눌 수 있다.[3] 앞 장에서 읽기 전략의 활용 과정을 다루면서 단계별 전략을 간단히 예습하였다.

[그림 6] 읽기 단계별 전략

읽기 전 단계는 읽기를 수행하기 좋은 상태로 학습자의 뇌를 활성화시키는 단계라고 할 수 있다. 이를 위해서 관련 스키마를 활성화시키고 읽기 단계에서 마주칠 장애 요소들을 제거하고 읽기와 마주할 준비를 시키는 활동들을 하게 된다. 읽기 단계에서는 주어진 글을 읽어내는 단계이다. 이 단계에서는 읽는 목적, 읽는 글의 종류에 따라서 다양한 전략에 따른 구체적인 활동들이 활용될 수 있다.

읽은 후 단계는 읽어내기를 정리하고 독자 자신의 것으로 내재화시킨다. 스스로 읽기를 평가하며 읽기 능력을 향상시킬 수 있도록 점검하는 단계가 읽은 후 단계이다. 점검하는 과정이므로 읽은 후 활동들은 읽기 단계에서 한 활동들과 겹쳐지는 것들이 종종 있기도 하다. 학습 과정에서 선택하여 같은 활동을 읽기 단계에서 할 수 있고 읽은 후 단계에서 할 수도 있다.

---

3 책에 따라서는 '읽기 전 단계/읽기 본 단계/읽기 후 단계'라고 하기도 한다. 여기서는 한국어 어법에 맞게 '읽기 전 단계/읽기 단계/읽은 후 단계'라고 하고자 한다.

2.
읽기 전 단계의 활동과 전략

1. 스키마 활성화

읽기 전 단계는 글의 내용, 구성에 대한 스키마 끌어내는 시간이다. 스키마(내용, 형식)를[4] 확인하고 배경지식을 활성화한다. 이를 통하여 학습자가 읽기 중 겪게 될 언어적, 문화적, 개념적 어려움을 예측하고 대비하여 효율적인 읽기가 가능하도록 돕는다. 제2언어 학습자는 읽기에서 언어적, 문화적, 개념적 어려움이 있으며 이를 대비하는 단계가 읽기 전 단계다.

또한 학습자의 읽기 자료에 대한 동기와 흥미도를 확인하고 읽기의 목적을 인식하도록 해야 한다. 그렇지 않으면 읽기 이해에 실패하게 된다. 명확하게, 학습자가 인지하도록 읽기 목적을 부여하는 일은 중요하다.

---

[4] 앞에서 내용 스키마(contents schemata)와 형식 스키마(formal schemata)에 대하여 기술하였다.

> **읽기 학습 안내자의 역할**
> - 학습자 스스로 읽기 목적을 인식하도록 지도(초인지 전략을 활용하도록 유도하는 것으로 보임)
> - 읽기 자료 소개 : 학습자의 관련 배경지식 활성화, 흥미 유발
> - 하향식 과제(제목, 그림, 사진 보고 글 내용 예측하기, 주제 파악을 위한 훑어 읽기, 단락 제목 붙이기, 단락 순서 맞추기)로 읽기 자료에 대한 전반적인 정보를 얻도록 지도
> - 읽기 자료를 적당한 길이로 나누기 : 학습자 간의 읽기 속도 차이로 인한 공백을 줄이고 학습자의 부담을 줄여줌.
> - 실제 읽기 수업 전개 시 읽기 자료에서의 중요점이나 강조점, 학습자가 만날 어려움을 파악하고 대처 방안을 수립할 것.
> - 길잡이 질문 제시 : 학습자가 중요 부분에 초점을 맞추도록 방향을 잡고 읽기 목적을 명확히 해 줌.

읽기 자료 소개 시 주의할 점에 대해서는 Nuttall(1996)이 밝힌 바 있다. 읽기 자료를 소개할 때는 되도록 간단하게 제시하고, 학습자가 읽으면서 새로 발견할 정보를 제공하지 않도록 주의해야 한다. 새로 발견한 정보는 읽기 단계에서 제공되는 것이 적합하다. 무엇보다. 학습자가 적극적으로 참여할 수 있도록 질문에 답하기, 토론 등의 형태 활용하여 동기를 부여하는 것이 필요하다.

2. 읽기 전 단계의 활동

① 제목 보기 : 제목 보고 내용 예측하기
② 훑어 읽기 : 전반적인 글 내용, 구성 파악으로 글에 대한 예측을 높여 읽기 속도, 이해도를 증진, 중·고급 단계 학습자에게 특히 적합하며 2~3분 안에 끝나도록 지도

③ 사진이나 제목 보고 이야기하기 : 삽화나 제목 보고 관련 이야기나 예상되는 이야기하기

④ 주제에 대해 이야기하기 : 스키마 활성화

⑤ 특정 정보 찾기 : 선행 질문 제시하여 답 찾게 하기 – 빠른 시간 안에 찾을 수 있는 질문 던지기, 이유, 결과, 추론 작용을 요하는 질문은 부적합

⑥ 사전 질문에 답하기 : 핵심 파악을 위한 질문을 하여 주제 관련 배경지식, 경험을 활성화시킴

⑦ 시각 자료 보고 생각하기 또는 토론하기

⑧ 의미망 작성하기 : 글의 주제에 관해 떠오르는 생각을 말하며 주제와 관련된 생각을 분류하는 데 도움이 되는 활동

⑨ 핵심 어휘 연결하기 : 글의 주제와 관련된 어휘를 알아보거나 핵심 어휘로 글의 주제를 추측할 수 있게 하는 활동

⑩ 설문 조사하기 또는 설문에 대답하기 : 글의 주제와 관련된 간단한 조사를 함으로써 글의 이해에 도움이 되는 배경지식을 줄 수 있는 활동

⑪ 새로운 어휘 학습하기 : 학습자가 읽기 도중 만나게 될 언어적 어려움에 대비할 수 있는 활동으로 새 단어와 뜻 연결하기, 핵심 어휘로 빈칸 채우기, 유의어, 반의어 찾기, 새로운 어휘와 그림 연결하기, 접사나 연어 등 어휘군 연습하기 들이 있다.

⑫ 질문 만들기 : 고급 학습자에게 적합한 활동으로 비판적 읽기를 위해 유용한데, 자료를 읽기 전에 주어진 글 내용에 관한 질문이나 가설을 작성하는 활동

⑬ 건너뛰며 읽기 : 중요한 몇 군데만 읽고 전체 내용을 파악시키는 활동

3.
읽기 단계의 활동과 전략

1. 초인지 전략 활용

읽기 단계는 학습자가 자신의 읽기 기술과 전략을 활용하여 실제로 자료를 읽는 단계이다. 이 단계에서는 학습자가 읽기의 초인지 전략에 대해 얼마나 인식하고 있는지가 중요하다.

능숙한 독자는 읽기 목적과 자료에 따라서 적절한 읽기 모형(상향식, 하향식, 상호작용식)과 전략을 자동적으로 선택한다. 미숙한 독자들도 이러한 과정을 학습하고 연습함으로써 읽기 능력을 향상시킬 수 있을 것으로 본다. 그러므로 이 단계에서 학습자는 초인지 전략을 활용하며 읽기 기술과 전략을 배우고 연습해야 한다.

2. 읽기 단계의 활동

① 묵독 : 빠른 시간 안에 내용을 읽을 수 있음
② 훑어 읽기 : 주로 읽기 전 단계에서 많이 사용되는 활동이지만 읽기 전 단계의 훑어 읽기가 전반적인 이해를 위한 활동이었다면 읽기 본 단계의 훑어 읽기는 세부 정보 찾기를 위한 활동으로 할 수 있다.
③ 읽기 전 단계의 사전 질문 답 확인하기 : 읽기 전 단계의 사전 질문의 답을 읽기 자료를 통해 확인함으로써 학습자 자신의 독해 과정과 전략을 점검
④ 글의 내용에 표시하기 : 주제와 보조 정보를 구분하는 능력을 향상시키는 기술
⑤ 글의 구조 파악하기 : 문장 간 관계, 주제가 바뀌는 문장, 글의 요지, 세부 정보 파악하여 글의 구조도 완성하기
⑥ 메모하기
⑦ 정보 차 활동 : 조 활동으로 서로 다른 부분을 읽고 전체 글 내용을 파악하여 하나의 글을 완성하는 활동
⑧ 길잡이 질문에 대답하기
⑨ 담화 표지어 주의하기
⑩ 모르는 단어 추측하기

4. 읽은 후 단계의 활동과 전략

1. 다시 읽기

읽은 후 단계에서는 읽은 내용을 정리, 평가하고 확장하여 이해하며 적용하는 활동들이 이루어진다. 스스로 읽기 전략을 점검한다. '다시 읽기' 차원에서 읽기 단계에서 이루어진 활동들을 확인하는데 이때 인지적 활동, 초인지적 활동 포괄하여 이전 활동을 각인시키는 읽은 후 활동들을 할 수 있다. 읽은 후 단계는 읽기 본 단계의 학습을 정리, 평가, 확장, 강화하는 단계라고 할 수 있다.

〈표 15〉 읽은 후 단계의 목적

- 글 내용의 이해 정도 점검 : 주제, 요지 파악 등 글 전반에 대한 이해, 세부적인 이해를 점검하기
- 추론적 읽기 : 글에 나타나지 않은 정보에 대한 토론이나 해석
- 비판적 읽기 : 읽은 내용에 대한 평가
- 다른 상황이나 기능에 전이 적용하기 : 주제 넓혀 생각하기
- 읽기 기술, 전략에 대한 집중적 연습

- 언어적 특질이나 구조에 집중하여 학습하기
- 수사적 구조, 은유, 풍자적 표현 이해하기

2. 읽은 후 단계의 활동

① 독해 질문에 답하기 : 하위 인지 기술(언어에 초점을 맞추거나 사실적 이해가 필요한 기술)은 개별 활동, 과제물 활동으로, 상위 인지 기술(분석, 종합, 평가)은 소집단 활동이 적합

② 요약하기 또는 요약 완성하기

③ 의미망 작성하기 : 사실적 이해 점검과 글의 구성 파악에 도움이 됨.

④ 표 또는 지도, 그래프, 그림 완성하기 : 읽은 내용을 시각적 자료로 전환하는 활동

⑤ 내용이나 정보 추론하기 : 사실적 이해뿐 아니라 비명시적 정보를 파악하고 이해하기 위한 읽기 후 단계에서 할 수 있는 활동으로 독자의 상위 독해 능력이 요구됨.

⑥ 개요 만들기 : 글의 구성을 파악하는 활동으로 글의 수사학적 구조 파악, 핵심 내용과 뒷받침 내용의 구분, 주제문이나 글의 결론을 파악하는 능력, 문장이나 문단 간 연결을 위한 결합적 단서의 유형과 기능 이해를 요구함.

⑦ 관계없는 문장 찾기 : 글의 주제, 흐름을 파악했는지 확인할 수 있는 활동

⑧ 적절한 연결사 찾아 쓰기 : 글의 구성 파악 능력 향상을 위한 활동

⑨ 이야기 재구성하기 : 이야기체 글에서 핵심 사건이나 행위의 흐름을 파악할 수 있는 활동

⑩ 단락의 기능 파악하기 : 각 문단의 기능을 파악하여 글의 전체 구성을 파악하게 하는 활동

⑪ 글의 수사 구조 파악하기 : 글의 수사학적 구조를 파악하여 세부 내용 사이의 연결고리를 찾아 글 전체에 대한 이해도를 높여주는 활동

⑫ 글쓴이의 의도나 목적 파악하기 : 사실적 이해를 기초로 추론적 이해가 요

구되는 활동

⑬ 사실과 의견 구분하기 : 글쓴이가 제시한 것이 사실에 근거한 것인지, 자신의 의견인지 구분

⑭ 글 내용에 대해 토론하기 : 읽은 내용은 다른 상황에 적용하거나 전이하는 활동

⑮ 글의 내용을 자신의 생각이나 경험과 연결하기 : 주어진 주제에 대한 본문의 내용을 적고 동일한 주제에 대한 자신의 생각을 적어서 비교하는 활동

⑯ 글의 내용을 새로운 상황에 적용해 보기 : 내용 이해도를 높이는 활동

⑰ 읽은 내용을 구두 언어로 전이하기: 산문을 대화로 바꾸거나 글을 만화로 완성하고 등장인물의 발화를 써보는 활동

⑱ 읽은 내용으로 글이나 편지 쓰기 : 읽은 내용을 토대로 글쓴이에게 편지를 쓰는 활동

⑲ 역할극 또는 연극하기 : 글을 내용으로 역할을 제시하고 연극으로 상연하는 활동

⑳ 읽기 기술이나 전략 학습하기 : 훑어 읽기나 특정 정보 검색하기는 읽은 후 단계에서 활용 가능함.

㉑ 어휘, 문장 구조, 담화 표지어 학습하기 : 글을 읽다가 모르는 부분이 나올 때 의미를 추론해 보는 능력을 길러 주는 활동

㉒ 빨리 읽기 : 제한된 시간 내에 읽도록 하며 읽기 속도를 증진시키는 활동으로 읽기 능력을 향상시킴

㉓ 묶기 : 일정한 기준으로 얻은 정보를 분류하는 활동

㉔ 자기 점검하기 : 자신의 학습을 스스로 평가하는 초인지 전략 활동

학습자의 숙달도에 따라 적용할 수 있겠다. ⑮는 창의적인 사고와 관련된다. 목표어와 모국어 또는 목표 문화와 자국의 문화를 연결하여 비교해 봄으로써 읽기를 해석적이고 능동적으로 수행할 수 있다. ⑰은 보통 내가 모르는 내용을 제대로 이해하기 위해서 읽기에서 자주 활용된다. 말로 바꾸어

이야기하면서 독자가 이해한 내용과 이해하지 못한 내용을 판단할 수 있게 된다. ⑲는 모둠 학습에서 활용하면 효과가 높다. 언어 교수에서 역할극과 연극 상연은 학습자들의 적극적인 활동을 이끌 수 있는 최적의 방법이다.

5.
단계별 읽기 전략의 활용

다음 예시 읽기 자료[5]를 통하여 단계별 활동을 계획해 보자.

읽기 자료의 예시 3

> 한복과 하이힐. 우리의 전통 한복과 양장 차림의 기본 신발인 ⊙하이힐이 어울릴 수 있을까? 전혀 어울릴 수 없어 보인다. 그런데 한국에 양장이 도입되면서부터 함께 들어온 하이힐은 오늘날까지도 한복과 같이 착용되고 있다.
> 한국에 양장이 등장한 것은 1890년대로 서양 문물을 먼저 접할 수 있었던 개화파와 신여성 등 극소수의 여성들만이 착용하였다. 최초의 양장 착용자에 관한 의견은 아직 분분한 상태이다.
> 서양의 신문화가 도입되면서 개화의 물결은 한복에도 새로운 변화를 주게 되었는데, 여성의 치마 길이가 짧아지며 통치마가 생겼고 양말에 ⓒ구두를 신게 되었다. 물론 극히 일부에서 신기 시작하였으나 상류층과 기생 등 신여성들이 중

---

[5] 이 읽기 자료는 하채현·김지우(2014)에서 가져 온 것이다.

심이 되어 한복에 구두를 신었으며 전도사와 학생들도 ⓒ단화류의 구두를 착용하기도 하였다. 이러한 현상은 하나의 유행이 되어 점차 다수 계층의 여성에게 확산되었으며 새로운 문물을 받아들인 신여성임을 표현하는 하나의 수단이기도 하였다.

한국은 오래 전부터 많은 사람들이 정치적, 사회적인 이유 등으로 만주, 연해주, 하와이 등 여러 곳으로 이민을 갔다. 특히 미국으로 이주한 이민자의 경우에는 서구 문명을 더욱 쉽게 접할 수 있었는데 명절이나 축제일에는 한복을 입고 전통문화를 이어갔다. 그런데 신발은 구두를 신는 경우가 많았다. 전통신발은 구하기가 쉽지 않았으며 ⓔ고무신은 오랜 기간 방치하면 형태가 굳어져 신을 수가 없게 되므로 늘 신던 구두를 편하게 택했는지도 모른다.

일본 문화학원복식박물관에 색동천으로 만든 하이힐이 소장되어 있다. 아마도 한국 사람이 긴자의 한 구두상점에서 맞춰 신은 것으로 보이는데, 색색이 어우러진 색동 하이힐은 양장이건 한복이건 어느 차림에도 잘 어울릴 것 같아 보인다.

시대의 흐름에 따라 사회가 변화하며, 문화도 함께 변화하기 마련이다. 지금 그다지 편해 보이지 않는 타문화가 혼합된 복식 문화라도 몇 십 년 후에는 패션 트렌드의 한 역사로 남게 될 것이다.

이 읽기 자료는 만만치 않은 어휘 실력이 있어야 한다. 게다가 한국 문화와 역사에 대한 이해도 약간은 있어야 한다. 한국 전통 의상이나 신발에 대한 세세한 이해까지 가려면 다음과 같이 활동을 디자인할 수 있다.

| • 읽기 전 단계 활동의 예 |
– 사진이나 제목 보고 이야기하기
| • 읽기 단계 활동의 예 |
– 묵독
– 모르는 단어 추측하기

- 정보 차 활동
- 글의 구조 파악하기

• **읽은 후 단계 활동의 예**
- 글의 내용을 자신의 생각이나 경험과 연결하기
- 글 내용을 가지고 토론하기

그러나 학습자의 상황이나 배경, 학습 환경에 따라서 얼마든지 읽기 전략은 변경될 수 있다. 신성한 수업 현장에서 학습자와 안내자가 협력하여 진행하는 것이 좋다.

QUIZ

문제 1 Nuttall(1996)이 말한 읽기 전 단계에서 읽기 자료를 소개할 때의 유의 사항과 거리가 먼 것은?

보기
① 간단하게 제시한다.
② 학습자의 경험을 불러오도록 한다.
③ 학습자들이 적극적으로 참여하도록 한다.
④ 읽기 자료의 핵심 내용을 파악하도록 한다.

해설 이 단계는 내용이나 저자에 대한 자세한 정보 제공이 목적이 아니라 학습자의 배경지식을 가져와 읽기를 준비시키는 단계이므로 읽기 자료를 읽으면서 발견할 수 있는 내용을 이야기하지 않도록 주의해야 한다.

문제 2 읽기 내용에 대한 이해도를 높이고 장기 기억에 남도록 하기에 유용한 활동은?

보기
① 토론하기
② 관계가 없는 문장 찾기
③ 모르는 단어 추측하기
④ 적절한 연결사 찾아 쓰기

해설 토론하기는 내용 이해가 선행된 상태에서 읽은 내용을 다른 상황에 적용하거나 전이시키는 활동으로 자신의 생각과 삶에 연결할 수 있어 글을 이해하고 장기 기억력을 높이는 데 유용한 활동이다.

문제 3 다음 중 배경지식을 활성화하는 활동은?

보기
① 영상매체 보고 주제 떠올리기
② 주제에 관한 토론하기
③ 큰소리로 읽기
④ 모르는 문법 학습하기

해설 배경지식은 읽기 전 단계의 활동이다.

정답 ④ ① ①

정리해 봅시다

① 읽기 전 단계는 학습자의 동기와 흥미를 돋우고 목적의식을 부여하며 스키마를 활성화시킨다.

② 읽기 전 단계는 읽기 단계에서 겪게 될 장애 요소(문화적, 언어적, 개념적 어려움)를 제거해 준다.

③ 읽기 단계는 학습자가 자신의 읽기 기술과 전략을 활용하여 실제로 자료를 읽는 단계이다.

④ 읽기 단계는 학습자가 초인지 전략을 활용하며 읽기 기술과 전략을 배우고 연습할 수 있도록 해 준다.

⑤ 읽은 후 단계는 읽은 내용을 정리하고 평가하며 확장하여 이해하며 스스로 읽기 전략을 점검하는 단계다.

⑥ 읽은 후 단계는 다시 읽기 차원에서 읽기 본 단계에서 이루어진 활동들(인지 활동, 초인지 활동 포괄)을 확인하며 각인시키는 다양한 활동을 할 수 있다.

⑦ 모든 읽기 단계는 수업 운영을 위한 것이다. 실제 우리의 읽기 과정은 단계별로 이루어지지 않고 환류를 반복한다.

10장

읽기 수업의 실제

들어가며

학습목표

1. 읽기 수업의 일반적인 원리를 알 수 있다.
2. 전략적인 읽기 지도를 할 수 있다.

학습목차

1. 일반적인 수업 구성의 원리
2. 전략적인 읽기 지도
3. 담화 구성 읽기 지도
4. 중심 생각 파악하는 읽기 지도

미리 볼까요?

OX 문제

➡ 담화 표지어를 제대로 사용하는 일은 쓰기 학습에서만 중요하다.

정답

해설

➡ 한국어 읽기 수업에서 담화 표지어를 잘 읽어내면 글의 담화 구조를 파악하는 데 도움이 된다.

1. 다양한 읽기 수업의 구성

　교실에서의 읽기 연습은 실제 상황에서의 읽기를 효율적으로 수행하기 위한 능력 개발 과정이다. 일반적으로 수업(instruction)이란 '학습자의 능력 향상이라는 목적을 가진 일련의 의도된 활동'으로 정의된다.
　교사는 읽기 효율성을 높이기 위하여 적절한 안내와 길잡이가 되어야 한다. 교사는 학습자를 위한 협조자이자 보조자가 되어야 한다. 특히 '읽기 전' 단계와 '읽은 후 단계'에서 교사의 역할이 중요하다. 읽기 전 단계의 스키마의 활성화는 교사의 안내로 이루어진다. 원활한 읽기 활동을 위한 수업 구성의 원리를 정리하면 다음과 같다.[1]

---

[1] 외국 학자의 이론을 번역한 문장은 읽기 편한 한국어 어구로 바꾸었다. 이 설명은 강현화 외(2016:148-149)를 참조하여 어구를 적절하게 조정하였다.

<표 16> 읽기 수업의 구성 원리 7가지

① 목적을 가지고 읽기 : 학습자에게 글을 읽는 목적을 알게 하여 필요한 정보를 적극적으로 찾을 수 있도록 한다.

② 배경지식을 활용한 읽기 : 교사는 학습자가 배경지식과 경험, 인지 능력을 최대한 활용하여 글을 이해하도록 돕는다.

③ 담화 이해를 위한 읽기 : 읽기 활동의 최종 목표는 문장의 이해를 넘어 전체 담화의 이해가 가능하도록 한다.

④ 언어 기능 간의 통합 : 읽기 수업은 전체 교육과정 안에서 다른 언어 기능(말하기, 듣기, 쓰기)과 통합하여 구성하고 실시한다.

⑤ 낭독 방법을 활용한 초급 단계 활동 : 큰소리로 읽기는 초급 읽기에서 매우 긴요하게 활용되는 방법 가운데 하나다. 낭독(朗讀)할 때에는 발음, 끊어 읽기, 자연스러운 어조, 속도 등을 고려한다.

⑥ 묵독 기술을 활용한 중급·고급 단계의 활동 : 묵독(默讀)을 통해서 읽기 속도를 높이고 필요한 정보를 찾는 연습을 한다.

⑦ 표면적인 의미와 함축된 의미의 이해 : 글의 표면적인 의미뿐만 아니라 함축된 의미도 화용적인 정보를 통하여 끌어내도록 한다.

2.
전략적인 읽기 지도

1. 학생들이 사용하는 읽기 전략 파악

학생들이 어떤 전략을 어떻게 사용하면서 읽기를 하는지에 대한 실증적인 연구가 계속되고 있다. 훌륭한 교사들은 학생들에게 전략적인 읽기의 중요성을 강조하기 전에 학생들이 어떤 전략을 사용하고 있는지 주의 깊게 살펴본다. 또한 읽기 전략을 가르치는 것과 학생이 전략적 독자가 되도록 훈련하는 일의 차이점에 대해서 생각한다.

읽기를 잘하는 학생(능숙한 독자인 학생)은 자동적으로 읽기 전략을 사용하기 때문에 스스로 어떤 읽기 전략을 사용하는지 지각하지 못한다. 그런데 현재의 교실 수업에서는 주로 사용되고 있는 읽기 전략을 소개하고 그것을 가르치는 데 시간을 사용하도록 하고 있다. 중요한 것은 읽기 전략을 가르치는 것이 아니라 학생들을 전략적인 읽기를 하는 독자로 변화시키는 것이다.

문제는 교사들이 학생들을 언제 어떻게 도와주어야 하는지 제대로 파악하는 일이다. 학생들의 전략 사용 시기와 방법을 제대로 파악하는 일이 중요하다. 교사는 '읽기 전략 교수를 위한 협조적인 교실 분위기'를 형성한 후 학생들이 사용하는 읽기 전략을 살펴보고 그 중에서 적합한 읽기 전략을 활용하도록 안내할 수 있어야 한다.

안내하는 방법 가운데 하나는 교사가 읽기 자료를 소리 내어 읽으면서 (Aloud Reading) 읽기 전략을 활용하고 있는 상황을 설명하면서 시범을 보이는 것이다. 교사는 읽기 전략을 통하여 보다 쉽게 이해에 도달한다. 이때 교사는 이미 각본을 짜고 읽기 전략을 설명하기 위한 주석을 달아서 스스로 연습한 후 수업을 이끌어야 한다. 이러한 읽기 수업은 현시적 교수법 모델에 해당한다.

학습자의 능동적인 참여를 유도하기 위하여 교사는 일반적인 읽기 전략을 표지판에 적어보게 하고 다른 사람들(모둠들)과 비교 대조하게 한다. 그런 다음, 수업 중에 사용되는 전략들에 표시하고 그 중요도와 활용도를 간단하게 메모하게 한다. 이렇게 직접적으로 읽기 전략을 확인하게 되면 학생들은 자신이 주로 사용하는 읽기 전략을 점검할 수 있고 교사나 동료들로부터 자신이 사용하지 못했던 다른 읽기 전략을 배울 수 있다.

2. 읽기 교실 시뮬레이션

다음은 전략적인 읽기를 강조하는 교실 수업의 특징을 순차적으로 그린 것이다.[2] 한 마디로 읽기 교실 모습을 그대로 그렸다.

---

[2] 〈읽기 교실 시뮬레이션〉은 윌리엄 그레이브 프레드리카L.스톨러(2002: 353)를 참조하여 재구성한 것이다.

<표 17> 읽기 교실 시뮬레이션

① 교사는 텍스트를 읽는 학생이 자신이 사용하는 읽기 전략을 알고 사용하는지 모르고 사용하는지 확인한다.

② 교사는 책을 읽은 학생이 사용한 전략이 무슨 전략이며 왜 중요하고 어떻게 언제 사용하는지 구체적으로 설명한다.

③ 교사가 설명한 읽기 전략이 무슨 전략이며 왜 중요하며 어떻게 사용하며 언제 사용하는지 학생들이 그 읽기 전략에 대하여 토의한다.

④ 교사는 직접 읽으며 생각을 소리 내어 말하고(프로토콜 protocol 기법) '전문적인 읽기 행위'를 시범으로 보여 준다.

⑤ 읽기 연습 과정에서 실생활과 관련되고 목적에 맞춘 과제를 통해 특정 전략을 활용하고 연습하도록 학생들을 북돋워 준다.

⑥ 충분히 안내를 받아 실습을 마친 뒤 학생들에게 혼자 연습할 기회를 준다.

⑦ 교사가 학생들에게 그들이 사용한 전략에 대하여 되짚어주기를 한다.

⑧ 학생들에게 전략 사용의 유용성에 대해 상기하게 한 후 자신이 글을 처리하기 위해 어떻게 전략들을 사용하는지 설명하도록 한다.

⑨ 교사는 교실의 한 부분에 연습한 전략들을 전시하여 학생들이 수시로 그 전략을 참고할 수 있도록 한다.

⑩ 교실은 교과 자료 창고다. 학생들은 읽기 수업 교실에서 흥미로운 내용을 익히기 위하여 읽기 전략들을 사용한다.

3.
담화 구성 읽기 지도

능숙한 독자는 정보가 구성되는 방식과 이와 같은 구성에 실마리를 제공하는 신호 기제에 민감하다. 새로운 주제와 주제 전환을 알려주는 선행 조응 표현인 단서를 찾아낼 수 있다.

일반적인 담화 구성의 유형은 다음과 같다. 원인과 결과, 분류, 비교와 대조, 뜻매김, 기술, 이야기 전달 흐름, 문제와 해결, 과정이나 순서. 텍스트 담화 구성 유형을 파악하여 '의미 지도 그리기(graphic organisers)'를 할 수 있으면 읽기 이해에 도움이 되는 것으로 알려져 있다.[3] 글쓴이의 의도를 파악하고 독자 나름의 해석에 도달하기 위해서 의미 지도를 그려보자.

정의

---

[3] 제시한 기본적인 의미 지도 그림은 윌리엄 그레이브 프레드리카L.스톨러(2002:363-364)와 박대아 외(2022:100-112)를 참조하여 재구성한 것이다.

정의(definition)는 대상의 범위를 한정하여 본질을 규명하는 것이다. 정의는 설명 대상의 본질이나 핵심을 명확하게 규정해 주는 서술 방법으로 알려져 있다. 설명하는 글을 쓸 때는 먼저 설명의 대상을 제시하고 그 특성을 개략적으로 밝혀 주거나, 대상의 개념을 정확하게 밝혀 준다. 설명하는 글의 첫머리에 놓이는 진술들은 정의를 통해 서술된다. 필자가 글을 쓰면서 가설을 설정할 때 필요한 것이 정의다. 정의가 연역적 방식으로 가설을 앞세우고 논리를 펼친다.

비교와 대조

어떤 대상을 설명할 때 그 대상을 다른 대상과 견주어 가면서 설명하면 독자가 쉽게 이해할 수 있다. 비교와 대조는 설명 대상과 유사성이나 대립성을 지닌 사물이나 사실들을 나란히 놓고 견주어 가면서 기술하는 설명 방식이다. 비교는 두 대상 사이에 존재하는 공통점이나 유사점을, 대조는 두 대상 사이에 존재하는 차이점이나 대립점을 밝혀서 기술해 주는 것이다. 하지만, 설명하는 글에서 비교와 대조는 함께 나타나는 경우가 대부분이다.

원인과 결과

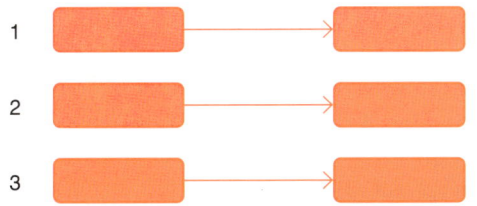

논리적이고 객관적인 글이라면 인과관계를 확실히 밝히기 마련이다. 원인과 결과가 있으면 글을 파악하기 쉽고 무엇이 더 중요한 정보인지 알 수 있다. 다른 말로 개연성이라고 하기도 한다. 독창적인 생각이 떠올랐다면 그것은 원인과 결과로 나누어 논리적인 연계를 짤 수 있다. 독자는 그러한 논리적인 연계를 따라서 해석에 도달하게 된다.

과정/순서

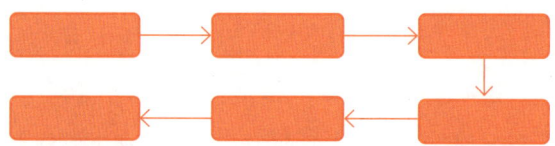

다른 말로 '절차'라고 할 수 있다. 진행되는 모든 일은 한꺼번에 성취되지 않는다. 한 걸음씩 한 걸음씩 걸어야 산 정상에 오를 수 있는 것처럼 글을 읽으면서 글쓴이의 논리적 과정을 따라 메모를 해 보면 왜 이런 주장과 결론에 도달했는지 알 수 있다.

기술/분류

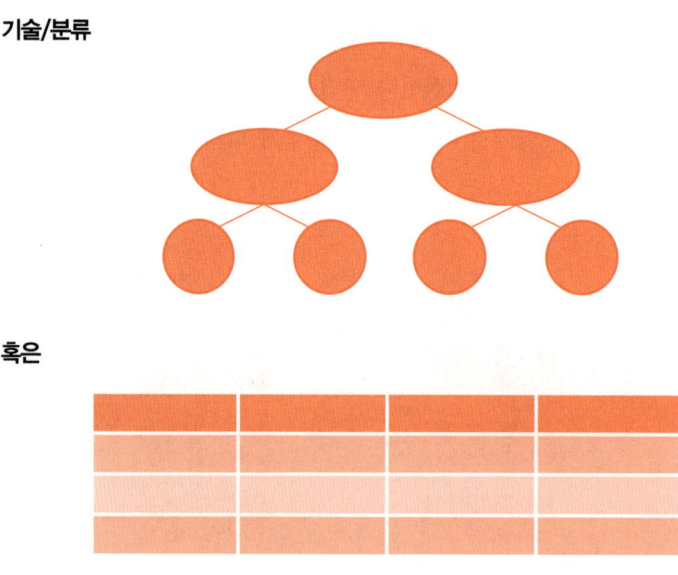

혹은

기술/분류(describe/classification)는 일정한 기준으로 묶는 설명 방식으로 예외가 있을 가능성이 있다. 반면에 구분(separated)은 전체를 통째로 자르기 때문에 예외가 있을 수 없다. 설명하려는 대상의 개념이나 범주가 매우 클 때는 대상을 구성하는 요소들을 나누어 설명하는 것이 좋다. 구분과 분류는 대상의 전체를 이루는 것들을 하나하나 나누고, 각각에 대한 설명을 합하여 전체를 설명하는 방식이다. 구분은 전체에서 부분으로 나누어 가면서, 반대로 분류는 부분에서 전체로 묶어 가면서 대상을 설명한다. 하지만 실제 글쓰기에서 이 둘은 거의 구별하기 어렵다.

'혹은'은 예를 들어 설명하는 것이므로 예시와 비슷하다. 예시는 대상을 알기 쉽게 이해할 수 있도록 구체적인 본보기를 들어 설명해 주는 기술 방식이다. 예시는 사례를 포괄하는 개념이다. 예시는 서술 방식 중에서 가장 독자를 '위한' 설명 방식에 해당한다. 예시(for example)와 사례(case)는 비슷한 측면이 있다. 보통 예시는 예를 들어 보인다는 뜻으로 쉽게 설명하는 것이며, 사례는 바로 그 구체적 '예'에 해당한다고 한다.

논증

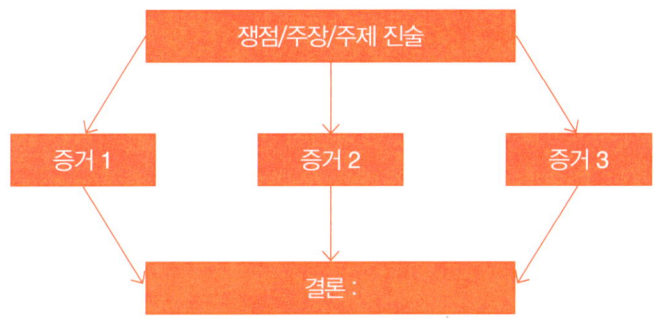

현대 사회에서 가장 중요한 담화 기술로 논증을 꼽는다. 창의적인 증거를 찾는 작업, 그리고 그것을 위계화하는 과정이 쟁점과 주장의 힘을 싣게 만든다. 다양한 이해관계가 얽혀 있는 사회 안에서 다양한 주장과 주제가 도출되고 있다. 논거를 마련하되 한 가지가 아니라 여러 가지 논거를 찾아

보는 가운데 구체적이고 확실한 의미 지도 그리기가 가능해진다.

찬성–반대

찬성과 반대는 비교와 대조처럼 해결점을 도출하기 쉬운 방법이다. 글쓴이의 내용에 내가 찬성하는 부분과 반대하는 부분을 적어서 왜 그런 생각을 하게 되었는지도 따져보자. 그러면 내 생각의 방향을 알 수 있고 능동적인 읽기를 수행하게 된다.

이야기의 흐름

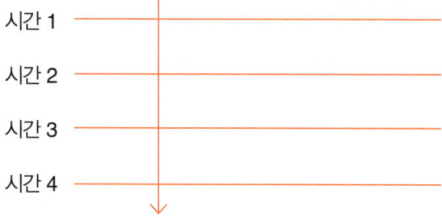

이야기의 흐름을 따진다는 것은 묘사와 서사를 생각해서 읽는다는 뜻이다. 흐름이 들어가므로 아마 '서사'와 더 관계가 있다. 서사(敍事, narrative)는 사건의 진행 과정이나 사물의 움직임과 변화를 시간적 추이에 따라 구체적으로 풀어 이야기하는 쓰기 방법이다. 서사는 시간이 핵심적인 범주로 기능한다. 서사는 '무엇이 일어나고 있는가?' 하는 질문에 대한 대답의 형식으로 하나의 이야기 형식을 담고 있다. 서사에 속하는 글쓰기의 종류는 소설 이외에도 신문 기사나 일기, 한 인물의 전기 나 행장, 형사들의 사건 일지나 공사 현장의 보고서, 판검사의 공소장이나 판결문 등 우리 주변에서 얼마든지 찾아볼 수 있다.

이러한 '의미 지도 그리기'는 독해력 향상과 관련이 있다. 능숙한 독자들은 글의 구성 유형을 파악하고 그것의 의미 지도 그리기를 실행할 수 있다. 더불어 중요한 것이 무엇인지 단서(도약대, springboard)를 제공하는 담화 표지어를 확인할 수 있다. 담화 표지어에 대하여 다음과 같은 것들을 예(김인환, 1999:138)를 들 수 있다.

<표 18> 신호 낱말

① 시간: 때, 지금, 요즈음, 동안에, 전에, 후에, 사이에, 부터, 까지, 마다, 처음에는, 다음에는, 드디어, 마침내
② 공간: 곳, 위, 아래, 속, 겉, 곁, 앞, 뒤, 북쪽, 위쪽, 꼭대기, 가운데
③ 원인: -면, -니까, -야, -거든, 왜냐하면, 때문에, 까닭에
④ 결과: 그러므로, 그래서, 따라서
⑤ 비교: 같은, 비슷한, 더, 덜
⑥ 대조: 다른, 달리, 한편, 반대로
⑦ 부분: 나누어진다, 분류된다, 구별된다, 가지이다, 갈래이다
⑧ 전체: 보통, 모든, 각각, 결코, 언제나, 일반적으로, 전체적으로

이와 같은 낱말(담화 표지어)을 잘못 사용하면 정확하지 않은 문장이 만들어진다. 반대로 이와 같은 낱말을 제대로 사용하면 문장이 정확해진다. 이러한 낱말들을 '담화 표지어' 혹은 '신호 낱말'이라고 한다.

4.
중심 생각 파악하는 읽기 지도

중심 생각 파악하는 활동은 간단하지 않다. 독자는 먼저 글의 이해를 위한 기본적인 문법 지식, 이해 가능한 어휘와 담화 구조에 대해 자각하고 중심 생각을 찾아야 한다.

학생들이 이러한 기초 위에서 이해를 위한 집중적인 처리가 뒤따라야 중심 생각 파악하기가 가능해진다. '중심 생각 파악하기'와 관련하여 읽기 교실에서 사용할 수 있는 세 가지 노력이 소개된 바 있다.

1) 필자에게 질문하기
2) 교사와 학생이 상호작용하며 다시 생각해 보기
3) 문법적인 자각 확립하기

이 세 가지 읽기 활동의 원리와 방안에 대해서 살펴보기로 하자.

1. 필자에게 질문하기

필자의 중심 생각을 파악하려면 독자가 필자에게 접근하는 것이 필요할 수 있다. 볼 수 없는 필자에게 독자는 필자의 글 쓴 목적, 필자의 편향과 어조, 의의 탐색, 정보의 유용성 등에 대하여 질문할 수 있다. QtA[4]의 본보기 질문들은 다음과 같다.

> ① 필자가 말하려는 것이 무엇인가?
> ② 필자가 전달하고 싶은 것이 무엇인가?
> ③ 왜 필자는 이 특정의 정보를 포함하고 싶어 하는가?
> ④ 필자의 전달 내용은 분명한가?
> ⑤ 필자가 어떻게 더 분명하게 말할 수 있는가?
> ⑥ 필자의 입장을 강화하려면 어떤 사례들을 추가할 수 있는가?
> ⑦ 필자가 제시한 사례는 도움이 되는가, 아니면 혼란스럽게 하는가?
> ⑧ 어떻게 필자가 중심 생각을 알려주는가?
> ⑨ 필자의 중심 생각은 분명하게 설명되어 있는가?
> ⑩ 필자는 독자에게 제기한 문제들에 대하여 답을 제시하는가?
> ⑪ 필자는 어떤 관점이나 편향을 드러내는가?
> ⑫ 필자의 전달 내용이 어떤 의의를 지니는가?

이상은 윌리엄 그레이브 프레드리카L.스톨러(2002:375)를 참조하여 중심 생각을 파악하는 읽기 지도(Teaching of Reading)에서 생각할 만한 것들이다.

---

[4] QtA : 필자에게 질문하기 Question to Author

2. 교사와 학생의 상호작용

교사와 학생이 상호작용하는 원리는 대부분의 읽기 교실에서 활용되는 것이다. 교사와 학생이 상호작용할 수 있고 학생들끼리 전체 토의를 할 수 있으며 모둠을 나누어 토의를 진행할 수 있다.

> » 글이 무엇을 의미하는가?
> » 어디서 그리고 어떻게 중요한 정보를 찾을 수 있는가?
> » 왜 그 정보가 중요한가?
> » 어떻게 중심 생각을 담은 정보가 활용되는가?
> » 해석할 때 어떤 어려움에 부딪히는가?
> » 어떻게 그 어려움을 해결할 수 있는가?

학생들은 중심 생각을 뒷받침하는 이야기들을 통하여 토의를 원활하게 이끌 수 있다. 토의는 이끌어 갈 핵심적인 중심 생각과 관련된 질문을 중심으로 이루어져야 한다.

3. 문법적인 자각 확립하기

문법적인 자각은 중심 생각을 파악하는 데 어느 정도의 도움을 줄 수 있다. 문법 구조는 학생들을 집중하게 하는 장점이 있다. 두드러진 구문들은 중심 생각과 맞닿아 있는 경우가 많다. 예를 들어 복잡한 분사 구절, 복잡한 관계절, 확장된 동격 구절, 복잡한 조건절, 여러 절을 거느린 복합 명사구, 복합적인 수동태 등등의 구문들을 명시적으로 파악하는 일은 중심 생각을 파악하는 데 유용하다.

'읽기 수업의 구성 원리' 장에서는 실제적인 상황에 따라 융통성 있게 운용되어야 하므로 전략, 담화, 중심 생각을 중심으로 논의하였다. 읽기가 머릿속에서 이루어지는 과정이므로 교사는 학생의 이해 과정을 관찰하고 적합한 방식을 결정하기 위하여 유용한 안내와 지침을 확인해야 한다.

QUIZ

문제 1 읽기 수업의 구성 원리에 대한 설명으로 거리가 먼 것을 고르세요.

보기
① 학습자는 항상 읽기 수업의 목표를 모르고 읽기를 수행한다.
② 교사는 학습자가 배경지식, 경험, 인지 능력을 활용하도록 안내하여야 한다.
③ 읽기 수업은 다른 기능과의 통합 과정으로 운영하는 것이 바람직하다.
④ 이해는 글의 표면적인 의미와 함축적인 의미를 모두 이해하는 것을 말한다.

해설 교사는 읽기 자료를 제시할 때 학습자가 읽기 목적을 명료하게 알 수 있도록 안내해야 한다. 항상 읽기 수업의 목표를 모르고 읽기 수업이 진행되어서는 안 된다.

문제 2 전략적인 읽기에 대한 설명으로 맞는 것을 고르세요.

보기
① 미숙한 학생들은 읽기 전략을 사용하여 읽기를 한다.
② 능숙한 학생들은 읽기 전략을 사용하지 않으면서 읽기를 한다.
③ 교사들은 학생들이 어떤 읽기 전략을 사용하는지 쉽게 알 수 있다.
④ 학생들에게 자신이 사용하고 있는 읽기 전략을 알게 하는 일은 전략적인 읽기와 관련이 있다.

해설 자신이 사용하는 읽기 전략을 찾아보게 하는 수업은 읽기 수업의 중요한 부분이다.

문제 3 담화 구성 읽기 지도에서 학생들이 해결점을 찾기 위해 활용할 만한 담화 유형은?

보기
① 정의
② 논증
③ 비교와 대조
④ 이야기의 흐름

해설 다 가능하지만 비교적 쉽게 찾아질 수 있는 것을 고른다.

정답 ① ④ ②

정리해 봅시다

① 읽기 수업의 구성 원리는 다양한 측면으로 접근할 수 있다.

② 읽기 수업은 목적이 확실한 활동이 되어야 하며 학습자의 능동적인 역할을 증대시켜야 한다.

③ 읽기 수업을 구성할 때 전략을 사용하고 담화 구조를 파악하고 글의 중심 생각을 파악하는 일은 특히 중요하다.

④ 수업은 일련의 계획된 처치이므로 제한된 시간 내에 독자와 텍스트 간의 활발한 상호작용을 추동할 수 있도록 전개되어야 한다.

11장

읽기 수업의 구성 단계

들어가며

학습목표

1. 읽기 수업 구성 단계별로 필요한 실제적 상황을 파악할 수 있다.
2. 읽기 수업에서 읽기 전 단계를 적절하게 구성할 수 있다.
3. 읽기 수업에서 읽기 단계를 적절하게 구성할 수 있다.
4. 읽기 수업에서 읽은 후 단계를 적절하게 구성할 수 있다.

학습목차

1. 읽기 수업의 설계
2. 읽기 전 단계
3. 읽기 단계
4. 읽은 후 단계

미리 볼까요?

OX 문제

➡ 한국어 읽기 수업을 구성하기 위해서는 읽기 자료도 중요하지만 읽기 목표에 적합한 단계별 수업 디자인이 이루어져야 한다. 읽기 수업은 반드시 읽기 전 단계, 읽기 단계, 읽은 후 단계 이렇게 세 단계를 거쳐야 한다.

정답

해설

➡ 수업 상황은 항상 융통성 있게 운용되어야 한다.

1.
읽기 수업의 설계

Dewey(1938), Vygotsky(1962), Piaget(1970) 등은 읽기를 '능동적인 활동'으로 묘사했다. 인간은 세계를 학습하고 그 세계를 형상화하는 데에 언어를 사용한다. 따라서 읽는다는 것은 인간이 세계를 능동적으로 구성하는 과정이 된다.

독자는 스스로 자신의 읽기를 통제할 수 있다. 다시 말해 자신이 언제 읽으면서 이해가 이루어지며 언제 좀 더 많은 정보가 필요한지 스스로 알 수 있다. 그러나 자신이 자신의 읽기를 통제하기 위해서는 일정한 학습이 필요하다. 읽기 수업은 이 지점에 주목한다.

읽기 수업은 학생들이 흥미 있고 재미있고 폭넓고 다양한 활동을 통하여 수준 높은 활동 결과를 생산해내도록 디자인되어야 한다. 그래야 학습자가 자신의 읽기를 보다 능숙하게 통제할 능력을 함양하게 된다.

읽기 학습에서 자기 점검 전략을 수행하기 위해서는 학습자가 자기 자신이 처한 학습 상황에 대하여 어떻게 느끼는지가 중요하다. 읽기 교실이 감성적으로 안정되고 협력적인 환경이어야 하는 이유가 여기에 있다. 안정되고 협력적인 환경이란 학생들이 자신의 실수를 인정하고 고칠 수 있는 분위기를 말한다. 그러기 위해서는 먼저 교사와 학생 간의 신뢰, 학생들 서로 간의 신뢰가 밑바탕이 되어야 한다. 이에 대해서는 다양한 질적 연구들이 축적되는 중¹이다.

다양한 연구들이 독자가 텍스트와 활발한 상호작용을 하려면 '범교과 통합 학습'이 유용하다고 밝히고 있다. McMahon, Goatly & Mc-Gill-Fanzen(1999)은 범교과 통합 수업을 위하여 다음과 같은 내용을 제시하였다. 첫째, 개념적 이해를 위한 큰 아이디어(big idea)에 초점을 맞출 것, 둘째, 과정(언어활동)과 내용(교과 내용) 사이의 균형을 유지할 것, 셋째, 다양한 방법으로 아이디어를 표현하도록 할 것 등이다. 이와 같은 방법을 활용한다면 교사가 읽기 수업을 성공적으로 기획할 수 있다. 아래는 읽기 단계별 인지 전략과 적용할 수 있는 언어활동의 예시다.²

---

1 그중 10대 문학 읽기 분야의 Cynthia Lewis 그리고 교육 상담 분야의 Haim G. Ginott의 통찰력은 많은 호응을 얻고 있다.

2 제시한 표를 포함한 전술한 내용은 최지현 외(2007:162-165)를 참조하여 기술하였다. 인용은 필자가 임의로 재구성하였다.

<표 19> 읽기 단계별 교수-학습 전략

단계	교수-학습 전략		인지 전략	적용할 만한 교수-학습 전략
Before reading	• 읽기 목표 확인 • 스키마 활성화 • 어휘 지도	준비 전략	• 미리 보기(previewing) • 배경 지식 활성화 • 읽기 목적/목표 정하기 • 예측하기	• DRA • 현시적 교수법 • 창의성 계발 학습 모형 • SQ3R(Survey)
During reading	• 질문 생성 • 질문 • 참고 자료 (study Guide) 제공	구조 전략	• 중심 생각 이해하기 • 주요 세부 정보 결정하기 • 주요 세부 정보 조직하기 • 순서대로 연결하기 • 지시대로 따라하며 연결하기 • 요약하기	• DRTA • 직접교수법 • GPR(Guided Reading Procedure) • SQ3R(Question, Read)
After reading	• 쓰기 활동과의 통합 • 범교과 활동 통합	정교화 전략	• 추론하기 • 영상화하기 • 질문 생성하기 • 평가하기(비판적 읽기)	• SQ3R(Recite, Review) • 총체적 언어접근법 • 반응 중심 모형
		상위 인지 전략	• 조정하기 • 점검하기 • 수정하기	

2.
읽기 전 단계

1. 읽기 전 단계의 유용성

많은 독서 방법론자들이 '읽기 전 단계'의 유용성을 지지한다. ① 학생들의 배경지식을 건드리고 ② 학생들이 지니고 있지 않을 가능성이 높지만 글을 이해하는 데 필요한 정보를 제공하며 ③ 학생들이 예상하도록 하고 ④ 주제에 대한 학생들의 흥미를 자극하고 ⑤ 숙달된 독자들이 일반적으로 활용하는 전략들을 학생들에게 소개하는 등등의 활동들이 읽기 전 단계에 '준비 전략'으로 소개되어 있다.

그러나 막상 현장의 읽기 전 단계가 효과적으로 진행되고 있는지에 대해서 확언하기 힘들다. 특히 읽기 전 단계에서 중요하다고 보는 '배경지식의 활성화'에 대해서부터 제대로 진행되는지 알 수 없는 형편이다.

질러 말하자면 읽기를 힘들어하는 학습자에 대한 교사들의 걱정거리가 지나친 나머지, 배경지식 활성화는 어떤 측면에서 흥미 위주의 도입을 전개하는 경우가 많은 편이다. 학습자들의 배경지식을 활성화시키기 위해서는 교사가 추측한 학습자의 배경지식이 학습자의 배경지식과 어느 정도 들어맞아야 하는데 그런 경우가 점점 줄어들고 있다고 볼 수도 있다. 세대 간 격차가 크고 문화 차이도 크기 때문에 한국어 교사는 학생들에 배경지식을 파악하는 탁월한 능력이 있어야 할 것이다. 아마도 훌륭한 L2 언어 교사는 학습자의 배경지식에 대한 이해가 풍부한 사람일 것이다.

2. 준비 전략에 활용되는 읽기 활동

성공적인 읽기 수업을 구성하기 위하여 교사는 읽기 전 단계의 유용성을 보다 극대화할 필요가 있다. 읽기 수업을 위한 학습자의 요구 조사 항목을 구체적으로 작성하여 자료는 모으는 일은 하나의 사례가 될 수 있다. 아마도 실제 현장에서 학습자의 '읽기 전 활동'이 잘 작동하고 있는지는 읽기 단계(본격적인 읽기 단계)를 통해서 확인될 것이다. 다음은 말하기와 통합한 중급 읽기 수업의 한 예[3]다.

읽기 자료의 예시 4

신문을 보면 매일 여러 사건에 관한 기사를 읽게 됩니다. 다음 단어를 보고 화재 사고와 관계있는 것은 '화', 교통사고와 관계있는 것은 '교'라고 표시하십시오.

불이 나다 ( )	부딪히다 ( )
충돌하다 ( )	건물이 무너지다 ( )
사망하다 ( )	부상당하다 ( )
미끄러지다 ( )	건물이 타다 ( )
사고를 내다 ( )	사고를 당하다 ( )

---

[3] 읽기 수업의 예시는 강현화 외(2016, 한국방송통신대학교출판문화원)『한국어 교육학』에 제시된 것들을 재인용

교통사고나 화재 사고가 들어있는 신문 기사를 읽기 전에 위와 같은 읽기 전 단계를 거칠 수 있다. 대개 기능 통합은 읽은 후 단계에서 수행되지만 위 예시는 읽기 전 단계에서 말하기와 읽기를 통합하여 훈련하도록 안내했다. 이러한 준비 전략은 어휘 지도를 통하여 '신문 기사 미리 보기(previewing)'의 인지적인 활동이 될 수 있다. 또한 SQ3R 중 Survey 전략[4]을 활성화시킨다.

---

[4] SQ3R(훑어보기(Survey), 질문하기(Question), 읽기(Reading), 되새기기(Recite), 검토하기(Review)) 읽기 전략 중 첫 번째인 Survey를 활성화시킨다.

3. 읽기 단계

1. 읽기 단계에서 실행할 만한 과제들

'제시된 글을 읽으세요.'라는 읽기 단계의 출발은 매끄럽다고 보기 어렵다. 이러한 출발은 읽기를 혼자 하는 것과 동일하기 때문에 바람직하지 않다.

읽기 수업이라면 전략적이고 구조적이며 길잡이의 의도가 들어 있어야 한다. 교사는 자기 교실 수업에 적절한 읽기 단계의 과제(task-based)를 계발하고 실행에 옮겨야 한다. 다음에 제시되는 과제는 학생들이 글을 절반쯤 읽었을 때(혹은 다른 편리한 지점에서) 실행할 만한 것들이다.

① 이 글에서 가장 중요한 세 가지 사항을 열거하세요.
② 읽는 도중에 예측했던 내용이 맞아 떨어졌는지 생각해 보세요. 그리고 글의 나머지 부분에 대하여 예측해 보세요.
③ 지금까지 읽은 것에서 개요를 완성해 보세요.
④ 지금까지 읽은 것에서 '의미 지도 그리기(graphic organizer)'를 해 보세요.
⑤ 글에서 끌어들인 진술들을 대응시켜 보세요.(예를 들면 원인-결과, 문제-해

결, 찬성-반대, 진술-추론 등)
⑥ 이 글의 진위 판단 과제를 마무리하세요.
⑦ 이 글을 요약해 보세요.
⑧ 이 글의 나머지 부분에서 예상되는 답변이 이루어질 수 있게 두 개의 질문을 만들어 보세요.
⑨ 다섯 개의 어휘를 확인해 보세요.
⑩ 중심 생각과 뒷받침 내용들을 구별해 보세요.
⑪ 읽은 것과 알고 있는 것을 비교해 보세요.
⑫ 이 글에서 제시하는 정보의 가치를 평가해 보세요.

-윌리엄 그레이브 프레드리카ㅏ_스톨러(2014:392) 표 각색

이러한 읽기 도중 과제를 개인별로 마무리하고 짝활동이나 모둠 활동으로 토의해볼 수 있다. 그런 다음 학급 전체 토의를 진행하여서 적절한 답을 찾아 볼 수 있다. 토의를 마치면 나머지 읽기를 계속 진행한다.

2. 구조 전략에 활용되는 읽기 활동

읽기 자료의 예시 5

여성결혼이민자 중급: 알림장 읽기

☐ 다음은 초등학교의 알림장입니다. 읽고 물음에 답하세요.

한국초등학교/알림장/2021.10.15.
〈문화 여행 안내문〉

학부모님께,
안녕하십니까?
우리 학교는 매년 가을마다 문화 여행을 떠납니다.
올해는 다음과 같이 문화 여행을 계획하였습니다. 학부모님의 많은 협조를 부탁드립니다.

① 기간: 11월 5일–6일(1박 2일)
② 장소: 한국수련원
③ 준비물: 운동복, 긴팔 옷, 잠옷, 속옷, 우비와 우산, 운동화, 모자, 세면도구
◇ 출발할 때는 운동복을 입습니다.

한국초등학교장

---

1. 이 글의 내용에 맞는 것은 무엇입니까?
   ① 이 학교는 처음 문화 여행을 갑니다.
   ② 문화 여행은 하루 동안 갑니다.
   ③ 우산과 우비를 가져가야 합니다.

2. 준비물로 맞지 않는 것은 무엇입니까?
   ① 긴팔 점퍼   ② 잠옷   ③ 청바지

3. 학교에 갈 때 아이들은 무엇을 입습니까?
   ① 교복   ② 체육복   ③ 티셔츠

〈이주여성을 위한 한국어〉에 들어 있는 내용이라면 학부모가 된 이주여성의 실제 생활에서 겪을 만한 내용이어서 적절한 읽기 단계 활동이라고 판단된다. 이 과제를 해결하기 위해서는 안내장을 읽고 중요한 내용들을 파악할 수 있어야 한다.

1번 문항은 내용을 전체적으로 파악해야 해결할 수 있다. 제시된 정보를 구분할 수 있어야 2번 문항에 접근할 수 있다. 또한 별도로 표시된 내용까지 읽어낼 때 3번 문항을 해결할 수 있다. 초등학교 알림장을 읽는 구조 전략이 바로 읽기 단계의 주요 활동이다.

4. 읽은 후 단계

1. 학습자의 이해 측정

교사들은 읽고 난 후의 탐구할 만한 학습 자료를 스스로 제작한다. 편의상 교사들이 예 / 아니오(OX유형) 질문과 단답형 질문을 학생들의 이해를 점검하기 위해서 제시한다. 그런데 독해를 점검하기 위한 이러한 질문은 교사들에게서 학생들의 실제적인 읽기 능력에 대한 실제적인 평가를 할 기회를 빼앗으며 학생들의 읽기 능력과 비판적인 사고력을 발전시키지 못하게 만드는 역할을 할 수 있으니 주의해야 한다.

■ **읽은 후 단계에서 이해 과제 유형**
- **이해 활동의 강조점** : 간단한 기술 요소들
- **축자적인 이해** : 글에서 명시적으로 언급한 것을 이해하기
- **추론 끌어내기** : 행간 읽기, 명시적으로 언급되지 않았지만 글을 참조함으로써 용인될 수 있는 정보
- **다른 목적을 위해서 읽은 글 활용하기** : 글에 있는 어떤 문제에 적용하거나

개인적인 경험을 되살피고 다른 원천에서 나온 생각들과 비교하며 읽은 글을 넘어서 정보를 확장함.
- **비판적으로 반응하기** : 내용의 적절성, 증거의 품질, 필자의 편향, 표현의 품질에 대한 평가, 글에 있는 생각들에 동의나 거부, 글에 대한 만족감이나 불만감 등.

2. 교사가 자신에게 던져야 할 질문들

읽은 후 단계의 이해 과제는 아래로 갈수록 도전적이고 수준이 높아진다. 읽은 후 단계에서 교사는 학습의 목표를 다시 점검하고 교재 뒤에 제시된 연습 문제 이외의 것들을 제작하는 수고로움을 병행해야 한다. 읽은 후 단계 이후에 읽기 교사는 다음과 같은 질문을 스스로 던질 수 있다.

① 읽기의 도전 거리가 충분한가, 너무 지나친가?
② 일반적인 믿음, 상식, 추리에 도전적인 개념들을 학생들이 맞닥뜨리게 되는가?
③ 서로 다른 유형의 도전 거리를 다룰 수 있는 전략들에 학생들이 접촉하게 될까?
④ 어려움의 수준이 학생들에게 불필요한 걱정이나 좌절을 가져오게 하는가?
⑤ 이와 같은 일련의 읽기를 통해 성공적인 읽기 경험을 하기 시작하는가?
⑥ 더 쉬운 읽을거리나 혹은 더 도전적인 읽을거리로 핵심적인 읽을거리를 보충해야 하는가?

3. 기능 통합 활동의 예

(가) 읽기-말하기 통합의 예

> 신문 기사(화재 발생에 대한 신문 기사)를 읽고 친구와 같이 사건에 대하여 묻고 대답해 보세요. 그리고 한 사람씩 사건에 대해서 요약해 보세요.

이 읽은 후 활동은 앞의 준비 전략에서 다룬 것의 연장선에 있다. 읽기와 말하기는 읽기 수업에서 주로 수행되는 활동이다.

(나) 읽기-쓰기 통합의 예

읽기 자료의 예시 6

알림장을 읽고 아이가 참석하는 것에 동의한다는 답신을 보내려고 합니다. 다음을 완성하십시오.

〈문화 여행 참가 동의서〉

문화 여행은 11월 5-6일(1박 2일)에 있습니다.
자녀의 참가 여부에 대하여 다음 동의서를 작성하여 보내 주십시오.

( )학년 ( )반 ( )번   학생 이름(   ) 학부모 이름(   )

동의 (   )   동의하지 않음 (   )

이유 :
기타 질문 :

이 장에서는 읽기 수업의 구성과 원리, 그리고 읽기 단계별 활동과 유의할 점 등을 사례를 중심으로 필요한 이야기들을 나누었다. 읽기 단계를 세 단계로 나누는 것이 현재로서는 정례화되어 있다. 그러나 실제 수업에서 이 단계는 추가 단계를 상정할 수 있고 혹은 부분적으로 단계를 생략할 수도 있다. 그것은 수업의 목표와 교사와 학생 간의 읽기 상황에 따라 변경될 수 있다.

그보다는 실제 학생의 읽기 능력 향상을 위하여 교사의 역할이 중요할 것이다. 교사는 자신의 교실을 위하여 늘 최선을 다한다. 매번 준비하는 교사만이 교실 수업을 성공적으로 만들 수 있기 때문이다. 한국어 교사의 사명은 무한하다.

(나) 읽기-듣기 통합의 예

읽기 자료의 예시 7

문화 산책 다음 인터넷 동호회는 어떤 사람들이 모인 곳입니까?

> 저는 운동하는 것을 아주 좋아합니다. 한국 친구도 만나고 태권도도 배우고 싶어서 인터넷 동호회 '태사모'에 가입했습니다. '태사모'는 태권도를 사랑하는 사람들의 모임입니다. 그곳에서 만난 친구들과 자주 모여서 태권도를 연습합니다. 태권도도 배우고 좋은 친구도 만날 수 있어서 아주 좋습니다.
>
> [출처] 서울대 한국어 2A

앞의 예시 7 [문화 산책]처럼 읽기 자료를 먼저 주고 묵독을 한 후에 읽기 자료가 없이 듣기를 실행한다. 그런 다음 "이 인터넷 동호회는 어떤 사람들이 모인 곳이에요?"라고 묻고 말하기를 실행할 수 있다. 잘 안 되면 다시 읽기 자료를 학습자에게 제시할 수 있다. 이렇게 학습하면 읽기-듣기-말하기 통합 수업이 된다.

QUIZ

문제 1 읽기 전 단계에 대한 설명과 거리가 먼 것을 고르세요.

보기 ① 읽기 전 단계에서 학생들의 흥미를 끌어내야 한다.
② 읽기 전 단계에서 배경지식의 활성화는 유용하지 않다.
③ 읽기 전 단계에서 SQ3R 전략의 survey를 실행하면 좋다.
④ 읽기 전 단계에서 배경지식의 활성화를 유용하게 만들어야 한다.

해설 읽기 전 단계에서 배경지식의 활성화는 유용하지만 실제 교실에서 효과적으로 실행되지 않는 측면이 있다.

문제 2 읽기 단계에 사용할만한 과제와 먼 것을 고르세요.

보기 ① 요약하기
② 배경지식 활성화하기
③ 읽은 것과 알고 있는 것을 비교하기
④ 중심 내용과 뒷받침 내용을 구별하기

해설 읽기 전 단계에서 배경지식의 활성화는 유용하지만 실제 교실에서 효과적으로 실행되지 않는 측면이 있다.

문제 3 읽은 후 단계에 대한 설명으로 맞는 것을 고르세요.

보기 ① 교사들은 학생들의 이해 점검을 위해서 단답형 질문을 하면 좋다.
② 교실 수업에서 읽기 단계보다 읽은 후 단계가 크면 클수록 좋다.
③ 읽은 후 단계에서 교사는 학생들의 읽기 능력을 점검하기 위하여 학습 목표를 확인할 필요가 있다.
④ 읽은 후 단계에서 교재에 있는 연습문제 풀이만으로 읽기 수업은 명료하게 마무리된다.

해설 읽기 단계를 제대로 한 다음 읽은 후 단계가 더 클 필요는 없다.

정답 ② ② ③

정리해 봅시다

① 읽기 능력의 향상을 위하여 교사는 스스로 수업을 디자인해야 한다.

② 교실 수업을 실행할 때 읽기 전 단계에서 이루어지는 학생의 배경지식의 활성화는 쉽지 않은 측면이 있지만 제대로 실행되도록 노력하는 것이 좋다.

③ 읽기 과제는 쉬운 것부터 점점 도전적인 과제로 수준을 높여 가야 한다.

④ 학생의 능동적인 활동을 독려하기 위하여 교사는 제한된 시간 동안 벌일 활동을 빈틈없이 준비해야 한다. 예상 콘티(continuity, simulation)를 짜는 일이 교수·학습 과정안이다.

12장

읽기 평가

들어가며

학습목표
1. 평가 목적과 학습자별 숙달도에 맞추어 읽기 평가의 목표를 수립할 수 있다.
2. 읽기 평가 목표에 적절한 읽기 평가의 유형을 활용할 수 있다.

학습목차
1. 읽기 평가의 목표
2. 읽기 평가의 유형

미리 볼까요?

OX 문제
→ 시험을 통해서 학습자의 읽기 능력을 정확하게 파악할 수 있다.

정답

해설
→ 일반적으로 시험을 통해서 학습자의 읽기 능력을 정확하게 파악하기가 어렵다. 시험은 실제 상황에서 학습자가 대처할 능력을 추측하게 할 뿐이다.

1.
읽기 평가의 목표

1. 평가에 대한 시각 전환

평가(assessment)라고 하면 보통은 시험(test)을 떠올리기 쉽다. 그러나 교사가 학습자의 능력을 평가하는 것은 단지 시험이란 형태만으로 한정되지 않는다. 어떤 형태의 평가든지 평가는 타당성과 신뢰성, 실용성, 이로운 역류[1] 등의 바람직한 특성을 가져야 한다. 평가가 학생들을 줄 세우는 것이 아니라 수업에서 학습자 개개인에게 긍정적인 파급 효과를 지녀야 한다는 의미다.

그러나 실제 상황에서 평가의 방법을 고안하거나 평가 문항을 작성해 보면 이러한 평가의 바른 특성들을 만족시킬 만한 평가의 방법을 찾거나 시험을 작성하기가 쉽지 않은 일임을 실감하게 된다. 한국의 교육 현실에서 평가의 문제는 가장 강력한 쟁점 중의 하나라고 할 수 있다. 이 문제를 외

---

[1] '이로운 역류'란 평가가 교수 및 학습에 미칠 수 있는 좋은 영향을 말한다. 다시 말해 평가로 인해 학습자가 긍정적인 자극을 받는 것으로 이해할 수 있다. 이 용어에 대해서 한국방송통신대학교 평생교육원 편(2005:241)에서는 '**긍정적인 수업 파급 효과**'란 용어를 쓰고 있다.

국어로서의 한국어교육에서 먼저 실천할 일이다.

그러기 위해서 우선 교사는 한두 가지로 한정되는 평가 방식을 고수하겠다는 생각을 내려놓아야 한다. 평가는 본질적으로 문제 해결의 과정이어야 한다. 평가는 수업 후에 오는 학습자의 향상 수준을 점검하는 것에 머물지 않는다. 평가는 수업을 디자인하면서 함께 진행되며 수업이 진행되는 매 순간 함께 하는 것이어야 한다.

교사는 모든 교수활동 상황에 대해 서로 다른 평가 방법이나 문제를 설정할 수 있다. 개설 강좌의 목표, 평가의 목적, 가용한 자원들에 따라서 평가는 달라질 수 있다. 수업을 설계하면서 그와 함께 평가를 계획할 때 교수자는 수업의 목표로 삼았던 것을 점검하고, 그에 맞는 평가를 설계해야 한다.[2]

2. 목표 중심 읽기 평가

수업 목표를 토대로 평가를 할 때 학습자, 교사 모두에서 이점이 있다. 목표 중심으로 평가 요소를 책정하게 되면 학습자들에게는 시험이 제공하는 정보가 더욱 유용한 것이 된다. 학습자를 수업의 목표를 더욱 명시적으로 인식하게 되고 수업에 보다 능률적으로 참여하여 학업 성취도가 높아지게 된다.[3]

또한 목표를 토대로 평가를 기획하면 교사는 부실한 수업 진행과 강좌에 대한 불만족을 줄일 가능성이 커진다. 이런 평가 기획은 교사가 교수 목표를 결정하도록 자극하고 교육과정, 교수법을 개선하는 계기가 된다.[4]

교사가 평가를 실시하는 목적을 점검해야 한다. 언어 숙달도를 측정하는

---

[2] 이는 성취도 평가, 진단 평가에서 주요한 고려 사항이 될 수 있다.
[3] 읽기 목표를 토대로 한 평가는 Athrur Hughes저/전병만 외 역(2012, 케임브리지)는 필자에게 여러 가지 주요한 시사점을 제공해 주었다.
[4] '한국방송통신대학교 평생교육원 편(2005:241)에서는 Cohen(1980)을 인용하여 이러한 맥락을 제대로 작동하는 것이 평가의 기능이라고 하였다.

것(능숙도 시험), 학생들이 강좌의 목적을 얼마나 성공적으로 성취했는지 밝히는 것(성취도 시험), 학생들의 장단점을 진단하고 학생들이 아는 것과 모르는 것을 규명하는 것(진단 시험), 교수활동 프로그램에서 학생들의 능력에 가장 알맞은 단계나 부분을 찾아냄으로써 학생 배치를 돕는 것(배치 시험) 등이 평가의 목적이 될 수 있다. 또한 평가를 설계할 때 시간적, 경제적으로 효율적으로 해야 한다.

평가 개발의 첫 단계는 평가 대상자들이 무엇을 할 수 있는지 분명히 하는 것이다. 이러한 명시(明示)를 통하여 읽기 평가의 목적이나 세부 사항들이 구체성을 띨 수 있다. 그러나 읽기 능력 평가에서는 평가하고자 하는 기능들을 명시하기가 쉽지 않다. '이해 기능에 대한 연습'이 머릿속에서 이루어지기 때문에 외부 행동으로 드러나는 것을 확인하기 어렵기 때문이다. 그러함에도 불구하고 평가에서는 평가 대상자가 읽기 기능(예를 들어, 훑어 읽기, 찾아 읽기, 추론하기 등)을 사용하도록 하면서 읽기 기능을 성공적으로 사용했다는 것을 입증하는 행동을 이끄는 과업을 설정해야 한다.

그러나 읽기 기능을 읽기 평가 명세서[5]에 포함시킬지 말지는 시험의 목적에 따라서 달라질 수 있다. 여기서 '평가 명세서'란 Tim MacNamara의 용어로 평가 내용과 평가 방법에 따른 사례 과정의 결과로 평가 명세서가 만들어지는 것을 말한다. 이는 평가 제작을 위한 청사진으로서 평가 각 부분의 길이와 구조, 수험자가 열중해야 하는 자료 유형, 실제자료 사용 시에는 자료의 원전, 실제 사료가 수정되는 정도, 반응 형식, 평가 지시사항, 채점 방식과 같은 문제들에 대한 정보를 담고 있다.

진단 시험이나 성취도 시험이라면 읽기 기능을 평가하는 것이 유용하다. 따라서 평가 명세서에 포함할 수 있다. 그러나 배치 시험이나 능숙도 시험에서는 그다지 유용하지 않을 수 있다.

목표가 달라지면 평가 명세서도 달라진다. 아래에서는 '신속한 읽기'와

---

[5] 여기에서는 '평가 명세서'를 읽기 평가 목표에 따른 읽기 기능 요소의 선택이 다양해질 수 있는 측면에만 맞추는 것으로 단순화시켜서 이 용어를 사용하고 있다.

'느리면서도 세심한 읽기'의 차이를 보여 주는데, 이를 보면 목표에 따라서 유용한 평가 명세서를 달리 작성할 수 있음을 확인할 수 있다. 이 외에도 속도, 수행의 기준치 등도 평가의 목표가 될 수 있다.

'수행의 기준치'란 '준거 지향 시험'에서 수험자의 합격, 불합격을 나눌 수 있는 시험 과업의 수준을 정의한 것이라고 이해할 수 있는데, 이는 모든 수험자의 능력 범위 안에 들어 있어야 한다. 시험(test)의 종류를 '규준 지향 시험'과 '준거 지향 시험'으로 나누기도 한다. '규준 지향 시험'이라 일반적으로 말하는 상대 평가를 위한 시험으로 이해할 수 있으며 '준거 지향 시험'은 절대 평가를 위한 시험이라 할 수 있다. 이 수행의 기준치 기술는 한국어 능력 시험의 등급별 숙달도를 제시하는 방식과 유사한 것으로 이해할 수 있다. 즉 토픽은 수행의 기준치를 따져서 준거 지향 평가를 시행한다. 대부분의 외국어로서의 언어 능력 평가가 그러하다.

(1) 신속한 읽기 평가

- 훑어 읽기 – 글의 요지와 담화 주제를 빠르고 효율적으로 찾아낸다.
    - 글이 구조를 빨리 파악한다.
    - 글이(혹은 글의 일부) 자신의 필요에 적절한지 결정한다.
- 검색 읽기 – 수험자는 사전에 정해진 주제에 관한 정보를 빠르게 찾아낼 수 있다.
- 찾아 읽기 – 특정 단어나 구
    - 수치나 백분율
    - 색인에서 특정 항목
    - 서지나 참고문헌에서 특정 이름

(2) 세심한 읽기 평가

- 대명사 파악하기
- 담화 표지 파악하기

- 복잡한 문장 이해하기
- 주제문 이해하기
- 글의 논리적 구조에 대해 윤곽 파악하기
- 주장의 전개 방식에 대해 윤곽 파악하기
- 일반 진술과 예시 구분하기
- 명시적으로 진술된 요지 파락하기
- 암묵적으로 진술된 요지 파악하기
- 필자의 의도 인지하기
- 필자의 수신인이나 독자 파악하기
- 필자의 태도와 정서 인지하기
- 글의 수신인이나 독자 파악하기
- 사실과 의견 구별하기
- 가정과 사실 구별하기
- 사실과 소문 구별하기
- 모르는 단어의 의미를 맥락을 통해 추론하기
- '누가, 언제, 무엇을'로 시작하는 질문에 답하면서 정보에 입각한 명제 정보 추론
- '왜, 어떻게'로 시작하는 질문에 답하면서 동기, 원인, 결과, 가능성과 관련된 명제
- 화용적 추론

3. 주제 중심 읽기 평가

다음 읽기 자료[6]를 먼저 보자.

---

6 해당 읽기 자료는 한국어능력시험 Ⅱ 제41회 B형 읽기 21쪽에서 참조하였다.

읽기 자료의 예시 8

※ 다음을 읽고 물음에 답하시오. (각 2점)

> 현대 사회는 다양한 이익 집단의 관계가 복잡하게 얽혀 있기 때문에 많은 사회적 갈등이 존재한다. 사회 문화적 요소가 포함된 갈등에서부터 경제적 요인이 포함된 갈등, 일상생활과 관련된 갈등까지 사회적 갈등들은 여러 요인에 의해 끊임없이 발생한다. 그런데 이러한 사회적 갈등이 타협을 통해 합리적으로 조정된다면 사회를 통합하는 동력으로 작용할 수 있을 것이다. 따라서 사회적 갈등을 합리적으로 해결하기 위해 사회 구성원 모두가 합의할 수 있는 해결 원칙을 세울 필요가 있다. 먼저 (　　　　　) 해결하는 것이 중요하다. 즉 당사자 간의 자유로운 대화와 협상을 통해 쟁점을 해결하려는 노력이 우선되어야 한다. 다음으로 갈등의 당사자 모두에게 이익이 되는 방향으로 해결해야 한다. 갈등 해결에 따른 이익이 한쪽에만 돌아가면 쟁점을 둘러싼 갈등이 계속 이어지기 때문이다. 또한 국민 전체의 이익과 부합되는 방향으로 해결되어야 그 해결 방안이 국민의 지지를 받을 수 있다는 점도 잊지 말아야 한다.

1. 필자가 이 글을 쓴 목적을 고르십시오.
   ① 공통된 갈등 해결의 원칙이 필요함을 주장하기 위해
   ② 국가의 지지를 받는 갈등 해결 방안을 요청하기 위해
   ③ 현대 사회의 다양한 사회적 갈등에 대해 설명하기 위해
   ④ 갈등 당사자 모두에게 이익이 돌아가도록 촉구하기 위해

2. (　　)에 들어갈 내용으로 알맞은 것을 고르십시오.
   ① 자율적으로　　　　　③ 독창적으로
   ② 중립적으로　　　　　④ 창의적으로

3. 밑줄 친 부분에 나타난 필자의 태도로 알맞은 것을 고르십시오.

　① 사회적 갈등 발생에 대해 경계하고 있다.

　② 타협을 통한 갈등 해결에 대해 회의적이다.

　③ 사회 통합의 어려움에 대해 공감하고 있다.

　④ 사회적 갈등의 긍정적인 측면을 인정하고 있다.

위에서 예로 든 토픽 읽기 자료는 주제 중심 읽기 수업 읽기 전략으로 내세운 것이다. 예로 든 주제 중심 읽기는 **자기 선택적 읽기**로서 수업 현장에서 사회적 갈등과 관련된 읽기 자료 읽고 발표하기 등을 계획할 수 있다.

<표 20> 의미 중심 읽기 수업과 기능 중심 읽기 수업

의미 중심 읽기 수업의 예
– 사회적 갈등의 예를 들어 제시하고 그에 적합한 해결책을 토론하기
기능 중심 읽기 수업의 예
– 텍스트와 관련된 배경지식을 활용하며 읽는다. – 관련된 배경지식을 메모 　;경제적 요인이 포함된 갈등–최저 임금 인상 협상 등 – 필자의 주장과 관점을 정리하며 읽는다. – 핵심 내용의 메모 　;사회적 갈등, 타협, 대화와 협상, 국민 전체의 이익에 부합 – 자신의 관점을 정립하며 읽는다. – 메모한 내용에 대한 찬반 결정, 근거에 대해 검토 　;국민 전체의 이익이 되는지 아닌지는 어떤 기준으로 결정할 것인가? 얼마나 많은 정치인들이 국가의 이익을 언급하는가? 그 말의 진정성이 어디에 있는가? 대화와 협상을 말하지만 강자의 승리로 귀결되는 세상이 아닌가? 타협이 아니라 정의를 우선해야 하지 않는가?

주제 중심 읽기 이외에 위 <표 20>과 같이 '의미 중심 읽기'나 '기능 중심 읽기'로 읽기 능력 향상을 꾀할 수도 있다. '의미 중심 읽기'에서는 텍스트

의 의미 파악, 상호작용을 통한 학습자의 의미 구축에 도움을 줄 수 있으며 '기능 중심 읽기'에서는 학습자가 초인지 전략을 인식하여 계획적이고 효율적인 읽기를 하도록 도울 수 있다. '주제 중심 읽기'를 통하여서는 의미 중심 읽기와 기능 중심 읽기를 기반으로 하여 '넓게 읽기'와 '비판적 읽기'가 가능해진다.

의미 중심 읽기, 기능 중심 읽기, 주제 중심 읽기는 학습자 수준과 강의 시간 등의 실제적인 여건에 따라서 교수자가 목표를 정하고 적합한 방법을 선택하여 활용할 수 있을 것으로 보인다. 특히 주제 중심 읽기는 교재가 없는 경우 토픽 읽기 수업을 준비하기 위한 읽기 방법으로 선택하기에는 어려울 수 있다. 읽기 능력 향상을 우선에 두고 향상된 읽기 능력으로 토픽 시험에 응시하게 할 경우, 선택할 수 있다.

그중에서도 주제 중심 읽기는 비판적 사고력을 신장시킬 수 있다. 체계적인 읽기 지도를 위하여 학문적 테제를 중심으로 이와 관련된 하위 주제를 설정한다. 각 주제와 직접 연관되는 책을 읽거나 과제 형식으로 주어진 주제를 해결하기 위해서 학습자가 스스로 읽기 자료를 선정하여 읽고 텍스트의 의미를 내면화하는 읽기 활동을 구성한다. 이와 같은 읽기 교육 방법을 주제 중심 접근법, 과제 중심 접근법에 기반한 프로그램이라고 한다.

주제 중심 읽기에서는 읽기 활동과 관련하여 직접 읽기 활동, 개별화 읽기 지도, 자기 선택적 읽기, 지속적 묵독 등이 중심이 된다. 주제 중심 읽기를 위하여 의미 중심적 읽기, 반응 중심적 읽기, 요약하기 등을 전략으로 사용할 수 있다. 학습자의 주제 중심 읽기 학습 활동과 절차는 아래의 표[7]와 같다.

---

[7] 제시한 표와 내용은 최지현 외(2007)(『국어과 교수학습 방법』, 역락, 162-165)를 참조하였지만 인용 시 참고 자료가 '모국어 화자'를 위한 읽기 내용이기 때문에 'L2 학습자'를 위한 읽기 내용으로 표와 내용을 재구성하였다.

<표 21> 주제 중심 읽기 수업 절차

단계	학습 내용		교수 내용	적용할 만한 읽기 모형
before reading	• 주어진 과제의 성격을 이해하고 해결 방법을 모색한다.	준비 전략	• 과제의 의도를 이해할 수 있도록 돕거나 직접 설명한다.	• 문제 해결 과정 모형
	• 각자 수준에 맞는 읽기 자료를 선택한다.		• 다양한 읽기 자료를 제시하여 학습자의 결정에 도움을 준다.	• 개별적인 읽기 지도 • 자기 선택 읽기 지도
during reading	• 상위 인지를 사용하여 직접 읽기 활동을 한다.	구조 전략	• 과제 해결을 위한 상위 인지를 해결하도록 돕는다. • 지속적인 읽기가 이루어지도록 환경을 조성한다.	• 상위 인지 읽기 지도 • 직접 읽기 활동 지도 • 지속적인 읽기 지도
after reading	• 협의와 토론으로 의미를 재구성한다.	정교화 전략	• 텍스트의 의미를 재구성할 수 있도록 안내한다.	• SQ3R(Recite, Review) • 총체적 언어접근법 • 반응 중심 모형
	• 읽기 결과를 기록하고 표현한다.	상위 인지 전략	• 읽기 결과를 다양한 방법의 기능 통합 활동과 결합하여 창의적으로 표현하도록 안내한다.	• 요약하기 지도 • 독서일지(포트폴리오) 활용 • 기능 통합 학습 적용

1. 읽기 평가의 목표

2.
읽기 평가의 유형

읽기 평가의 유형은 읽기 평가의 목표에 따라서 작성한 명세표를 충족시킬 수 있는 것들로 생각해 볼 수 있다. 읽기 평가에서 읽기 능력을 측정하고 싶다면 읽기 능력을 구성하는 요소가 무엇인지를 생각해 보아야 한다. 윌리엄 그레이브 · 프레드리카L. 스톨러 저/허선익 역(2014)에서는 읽기 능력의 구성 요소를 아래와 같이 정리하고 있다.

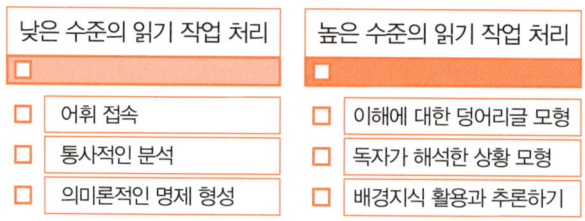

[그림 7] 읽기를 위한 작업 처리

이러한 읽기 능력 구성 요소에 대해 평가할 수 있는 다양한 문항 유형들을 정리해 보고 각 문항에 적용해 보자. 아래의 어휘, 사실적 이해, 구조적 이해, 추론적 이해, 논리적 이해 능력 평가는 평가 내용에 따른 문항 유형

이다.[8]

1. 어휘 능력 평가

- 어휘 능력은 단어나 관용 표현(속담, 숙어)의 의미를 정확히 이해하고 적절하게 사용할 수 있는 능력이다.

- 유형 : 단어를 바르게 풀이한 찾기
  단어와 일치하는 그림 찾기
  단어 간 관계 파악하기(유의어, 반의어, 상위어, 하위어 등)
  빈칸에 알맞은 단어 넣기
  관용 표현 해석하기

2. 사실적 이해 능력 평가

- 사실적 이해 능력은 글 속에 명시적으로 언급된 내용을 사실 그대로 이해하거나 사실에 맞게 언어로 표현하는 능력이다. 표현된 정보 확인, 표현된 정보 간의 관계 파악하기, 정보의 진위(眞僞) 변별하기, 중심 내용에 대한 정확한 이해 등이 사실적 이해 능력에 포함된다. 제시된 정보를 필요에 따라서 단순히 확인하고 정리·요약하는 능력을 이른다.

- 유형 : 읽은 내용과 일치하는 내용 찾기
  세부 내용 찾기
  소재 파악하기

---

[8] 이 책에서 뒤에 적용 사례를 간략히 적어 두었다. 평가 내용에 따른 평가 문항의 보다 자세한 예시는 강현화 외(2021:268-278)에 제시되어 있다.

중심 내용 파악하기
주제 파악하기
제목 붙이기
제목 해석하기

3. 구조적 이해 능력 평가

- 구조적 이해 능력은 글의 구조를 이해하여 정보가 배열된 방식을 올바르게 파악하는 능력이다.
  글의 전개 방식이나 글의 구조, 문단이나 정보 간의 관계를 바르게 파악하는 능력이 포함된다.

- 유형 : 접속어 고르기
  지시어의 내용 찾기
  글의 유형/기능 파악하기
  적절한 위치에 문장 삽입하기
  어울리지 않는 문장 삭제하기

4. 추론적 이해 능력 평가

- 추론적 이해 능력은 글 속에 나타나 있는 정보를 근거로 분명하게 언급되지 않은 내용이나 제시된 정보 이상의 것을 추리해 내는 능력이다.
  제시된 사실적 정보를 근거로 명시적으로 제시되지 않은 것까지 끌어내는 보다 고차원적인 단계의 능력으로 암시적 진술, 생략된 진술에서 명확하고 완결된 의미를 끌어내고, 그 사실을 다른 상황에 적용할 수 있어야 한다. 텍스트 내의 입장과 의도를 파악하고 구성과 표현에 필요한 바를 적절히 추리해 능력이다.

- 유형 : 화제 추론하기

  함축적 의미 추론하기

  필자의 태도/화자의 의도 추론하기

  인물의 성격 파악하기

  빈칸 내용 추론하기

  이어지는 내용 추론하기

5. 논리적 이해 능력 평가

- 논리적 이해 능력은 정확하고 타당한 진술을 위해 갖추어야 할 일정한 언어적 조건이나 논리적 요건을 이해하고 구사할 수 있는 능력이다.
  글감의 분류와 논리적 배열, 문장의 논리적 순서, 문단 구조의 논리적 분석 능력이 포함된다.

- 유형 : 이유나 원인 찾기

  글의 순서 파악하기

6. 읽기 평가 유형의 적용[9]

적용 1.
〈어휘 능력 평가〉&〈논리적 이해 능력 평가〉&〈사실적 이해 능력 평가〉

상상해 보자. 출근 전, 교통사고로 출근길 도로가 심하게 막힌다는 뉴스가 떴다. 소식을 접한 스마트폰이 알아서 알람을 평소보다 30분 더 일찍 ㉠울린다. 스마트폰 주인을 깨우기 위해 집안 전등이 일제히 켜지고 커피포트가 때맞춰 물을 끓인다. 식사를 마친 스마트폰 주인이 집을 나서며 문을 잠그자 집안의 모든 전기기기가 스스로 꺼진다.

공상과학 영화에서나 보던 일이 현실에서도 곧 이루어질 전망이다. (㉮) '사물인터넷' 시대가 열리는 것이다. 사물인터넷은 사물에 센서를 부착해 실시간으로 데이터를 인터넷으로 주고받는 기술이나 환경을 일컫는다. (㉯) 하지만 사물인터넷 시대가 열리면 인터넷에 연결된 기기는 사람의 도움 없이 서로 알아서 정보를 주고받으며 대화를 나눌 수 있다.

컴퓨터는 네트워크를 이용해 원격으로 다른 컴퓨터와 정보를 주고받는다. 지금도 우리 주변에서 사물끼리 소통하는 모습을 흔하게 볼 수 있다. (㉰) 근거리무선통신(NFC)을 활용한 가전제품은 사물인터넷이 구현된 사례로 꼽힌다. NFC 칩이 탑재된 세탁기에 스마트폰을 갖다 대면 세탁기 동작 상태나 오작동 여부를 확인하고 맞춤형 세탁코스로 세탁을 할 수 있다. (㉱) 냉장고는 사람이 굳이 확인하지 않아도 실시간으로 온도를 점검하고 제품 진단과 절전 관리도 척척 해낸다.

사람이 누군가와 대화를 하기 위해 상대방의 얼굴을 바라보거나 이름을 물어보듯, 사물도 서로 대화를 나누려면 상대 기기 아이디나 IP 주소를 알아야 한다. ㉡기기끼리 통성명을 나눈 다음에는 어떤 대화를 나눌 것인지 화제를 찾아야 한다. 사람도 대화할 때 뭔가 공통의 관심사를 꺼내서 대화를 나누지 않는가. 사물인터넷에서는 모든 물리적 센서 정보가 화젯거리다.

[9] 예로 든 적용 1, 2, 3은 하채현 김지우(2014), 『술술 풀리는 한국어 읽기』 중에서 발췌

〈어휘 능력 평가〉

1. 밑줄 친 ㉠과 같은 종류의 어휘가 아닌 것을 고르십시오.
   ① 깨우다
   ② 켜지다
   ③ 끓이다
   ④ 잠그다

〈추론적 이해 능력 평가〉

2. 밑줄 친 ㉡의 의미로 알맞은 것을 고르십시오.
   ① 두 사물의 아이디와 비밀번호를 확인하여 기기를 서로 교환한다.
   ② 제품의 모델 번호를 자동으로 감지한 후 제품의 문제점을 찾아낸다.
   ③ 상대 기기의 종류를 확인한 다음 입력된 명령이 무엇인지 분석한다.
   ④ 두 사물이 서로 아이디와 IP 주소를 확인하고 물리적 센서 정보를 교환한다.

〈논리적 이해 능력 평가〉

3. 다음 문장이 들어가기에 가장 알맞은 곳을 고르십시오.

   > 지금까지는 인터넷에 연결된 기기들이 정보를 주고받으려면 인간의 조작이 개입돼야 했다.

   ① ㉮
   ② ㉯
   ③ ㉰
   ④ ㉱

〈사실적 이해 능력 평가〉

4. 사물인터넷의 예로 적당하지 않은 것을 고르십시오.
   ① 인터넷 화상 회의
   ② 고속도로 통행료 자동 결제 장치
   ③ 근거리무선통신 칩이 탑재된 세탁기
   ④ 입은 사람의 건강정보를 병원에 전송해 주는 티셔츠

〈구조적 이해 능력 평가〉

5. 이 글의 내용과 같은 것을 고르십시오.

① 사물인터넷 기술을 활용한 제품이 아직 나오지 않았다.

② 공상과학 영화에 나오는 일들이 실제로 일어나고 있다.

③ 컴퓨터는 네트워크를 통해 원격으로 정보를 주고받을 수 있다.

④ 사물인터넷 시대에는 사람의 개입이 더욱 많아질 것으로 전망된다.

정답: ② ④ ② ① ③

적용 2.
〈추론적 이해 능력 평가〉

2cm 안의 역사
"광복 60주년 기념 전시회"

· 일시 : 2021년 8월 1일 ~ 31일
· 장소 : 서울 광장

* 주말마다 추억의 편지 쓰기, 엽서 쓰기 행사가 진행됩니다.

1. 이 글은 무엇에 대한 글인지 고르십시오.

① 우표 전시회   ③ 역사 사진전

② 엽서 전시회   ④ 광복 사진전

정답: ①

적용 3.
〈어휘 능력 평가〉

요즘 어린이집에서 머릿속의 이가 생겨 화제가 되고 있다. 어린이들은 서로 이를 옮기며 이를 잡아주며 놀이를 한다고 한다. 아이들에게 이가 생기기 시작한 것은 유기농 혹은 친환경 제품의 범람으로 인한 과도한 생태주의가 낳은 결과라고 할 수 있다. 마찬가지로 성인 희귀병 중에는 자가면역체계가 스스로 자신의 몸을 공격하여 생기는 사례가 빈번히 발생하고 있다. 이 또한 지나친 청결의식이 불러 온 결과라는 주장이 있다. 기생충 박멸과 벌레가 없는 시멘트나 아스팔트 속에서의 생활이 (   ) 사람들을 병에 걸리게 하고 있다.

1. (   )에 들어갈 가장 알맞은 것을 고르십시오.
   ① 오히려 　　　　③ 더욱이
   ② 때문에 　　　　④ 마침내

정답: ①

QUIZ

문제 1 어떤 특정 목적을 달성하기 위해 해당 언어로 충분한 언어 구사력을 가진 사람을 뽑을 때 사용할 수 있는 시험은?

보기
① 능숙도 시험
② 성취도 시험
③ 진단 시험
④ 배치 시험

해설 '어떤 특정 목적을 달성하기 위해 해당 언어로 충분한 언어 구사력을 가진'이란 말은 '능숙한 언어 능력을 가진'이란 말로 바꿀 수 있다.

문제 2 '중심 내용에 대한 정확한 이해 능력'은 읽기 이해에서 어떠한 능력과 관련되는가?

보기
① 사실적 이해 능력
② 구조적 이해 능력
③ 논리적 이해 능력
④ 추론적 이해 능력

해설 중심 내용에 대한 정확한 이해 능력은 글 속에 명시적으로 언급된 내용을 사실 그대로 이해하는 능력으로 제시된 정보를 확인하고 정리, 요약하는 능력과 관련된다.

문제 3 낮은 수준의 읽기 작업 처리가 아닌 것은?

보기
① 어휘 접속
② 통사적인 분석
③ 의미론적인 명제 형성
④ 추론하기

해설 배경지식 활용과 추론하기는 높은 수준에 해당한다.

정답 ① ① ④

정리해 봅시다

① 평가는 본질적으로 문제 해결의 과정으로서 모든 교수활동 상황에 대해 서로 다른 평가 방법이나 문제를 설정할 수 있다.

② 읽기 평가 목표에 따라서 적절한 평가 명세서를 작성하는 것이 유익하다.

③ 주제 중심 읽기에서는 각 주제와 직접 연관되는 책을 읽거나 과제 형식으로 주어진 주제를 해결하기 위해서 학습자가 스스로 책을 선정하여 읽고 텍스트의 의미를 내면화하는 독서 활동을 구성한다.

④ 어휘 능력, 사실적 이해 능력, 구조적 이해 능력, 논리적 이해 능력, 추론적 이해 능력 등이 읽기 능력 평가 요소가 될 수 있다.

13장

TOPIK 읽기

들어가며

학습목표

1. 토픽 대비 수험생의 읽기 능력을 향상시킬 수 있는 수업을 설계할 수 있다.
2. 토픽 읽기, 기능 중심 읽기, 의미 중심 읽기, 주제 중심 읽기 수업을 설계할 수 있다.
3. 몇 가지 읽기 전략을 구체적으로 훈련할 수 있다.

학습목차

1. 학습자 숙달도별 기준
2. TOPIK 읽기

미리 볼까요?

OX 문제

➡ 시험 문제의 유형별 풀이로 진행되는 토픽 읽기 수업은 학습자의 읽기 능력을 제대로 향상시킬 수 있다.

정답

해설

➡ 시험 유형별 풀이만으로는 읽기 능력을 향상시키기 어렵다. 이러한 학습은 단기 기억이어서 급수를 딴 후 학습한 내용을 쉽게 잊어버린다.

1. 학습자 숙달도별 기준

한국어 학습자의 읽기 평가의 숙달도별 기준은 한국어능력시험(TOPIK)의 등급별 평가 기준으로 대신한다. 아래는 한국어능력시험의 등급별 평가 기준을 수정하여 제시한 것이다.

<표 22> 한국어능력시험의 등급별 평가 기준

평가 목표	• 비언어적·언어적 표지의 이해 능력을 평가한다. • 읽고 정보를 파악하는 능력을 평가한다. • 읽고 주제나 중심 내용을 파악할 수 있는 능력을 평가한다. • 읽은 내용을 이용해 논리적으로 추론하거나 종합하는 능력을 평가한다.
등급	읽기
1급	• 기본적인 표지나 표지어의 의미를 이해할 수 있다. • 짧은 서술문을 읽고 주제어를 파악할 수 있다. • 일기, 편지 등 간단한 생활문을 읽고 내용을 파악할 수 있다. • 메모, 영수증 등 간단한 실용문을 읽고 정보를 파악할 수 있다.
2급	• 실생활에서 흔히 볼 수 있는 간단한 표지어의 의미를 이해할 수 있다. • 일상생활과 관련된 설명문이나 생활문, 편지글 등의 글을 읽고, 내용을 파악할 수 있다. • 생활하는 데 필요한 광고나 안내문, 영수증 등을 읽고 정보를 파악할 수 있다.

3급	• 일상생활을 다룬 대부분의 생활문을 이해할 수 있다. • 친숙한 사회 문화 등의 소재를 다룬 간단한 글을 읽고, 내용을 파악할 수 있다. • 일상생활에서 흔히 접하는 간단한 광고, 안내문 등의 실용문을 읽고 정보를 파악할 수 있다.
4급	• 경제, 사회, 문화 분야의 소재를 다룬 설명문, 논설문 등의 글을 읽고, 내용을 파악하거나 추론할 수 있다. • 계약서, 사용 설명서, 광고, 안내문 등 실용문을 읽고, 구체적인 정보를 파악할 수 있다. • 신문 기사, 건의문 등의 시사성이 있는 글을 읽고, 대체적인 정보를 파악할 수 있다. • 수필이나 동화 등의 작품을 읽고 내용을 파악할 수 있다.
5급	• 정치, 경제, 사회, 과학 등의 소재를 다룬 글을 읽고, 내용을 파악할 수 있다. • 비교적 쉬운 시, 소설 등의 문학 작품을 읽고, 내용을 파악할 수 있다. • 대부분의 신문 기사, 건의문 등을 읽고, 정보를 파악할 수 있다. • 본격적인 수필, 동화 등의 작품을 읽고, 내용을 추론하거나, 작자의 태도를 파악할 수 있다.
6급	• 전문적이고 추상적인 주제를 다룬 설명문이나 논설문 등의 글을 읽고, 내용을 파악할 수 있다. • 한국 문학의 대표적인 수필이나 소설, 희곡 등의 작품을 읽고, 작중 상황, 인물의 심리 등의 내용을 파악할 수 있다. • 수필이나 소설 등의 작품을 읽고 내용을 추론할 수 있다. • 다양한 종류의 글을 읽고, 내용을 추론하거나 글을 쓴 의도를 파악할 수 있다. • 전문 영역에 관련된 논문이나 저술을 읽고, 내용을 파악할 수 있다.

TOIPK 읽기는 처음에 6단계 평가였다가 3단계 평가로 바뀌었고 2014년 다시 2단계 평가로 바뀌었다. TOPIK Ⅰ과 Ⅱ로 평가가 시행되고 점수에 따라 급수는 6단계로 준다(〈표 22〉 참조). 이런 이유가 외국어 교육의 발전과 더불어 진행되었다는 점에서 잘 검토되어야 할 것이다. 특히 한국어교육의 특수성의 측면과 더불어 논의되어야 한다. 한국교육과정평가원(KICE)에서는 모국어 화자를 위한 평가를 '성취기준'이라고 하여 구체적으로 제시하고 있다. 또한 한국어교육의 교육과정도 제시하고 있으니 각자 찾아서 비교 검토해 보자.

2. TOPIK 읽기

1. TOPIK의 변모와 특성[1]

현행 한국어능력시험(TOPIK)[2] 읽기 시험 안내는 다음과 같다.

<표 23> TOPIK 시험 수준 및 등급

구분	TOPIK Ⅰ		TOPIK Ⅱ			
	1급	2급	3급	4급	5급	6급
등급 결정	80~139	140~200	120~149	150~189	190~229	230~300

TOPIK Ⅱ만 별도로 안내하면 다음과 같다.

---

[1] 본 절은 하채현(「한국어 읽기 교재 개발을 위한 기초 연구 및 모형 제시」, 2015) 참조
[2] www.topik.go.kr

<표 24> 한국어능력시험(TOPIK) II 읽기

시험 등급	한국어능력시험 II (3급~6급)
평가 영역	듣기(50문항), 쓰기(4문항), 읽기(50문항)
총 문항 수	104문항
문제 유형	읽기 : 객관식 문항(사지선다형)
총점	300점 / 읽기 100점(1문항 당 2점)
시험 시간	총 180분(3시간) 1교시 – 듣기 60분, 쓰기 50분 2교시 – 읽기 70분
합격 기준 (종합 점수)	3급: 120점 이상 / 4급: 150점 이상 5급: 190점 이상 / 6급: 230점 이상
성적 유효 기간	성적 발표일로부터 2년

* 한국어능력시험(TOPIK) II 읽기 문제 유형

– 주제 추론하기

– 세부 내용 파악하기

– 세부 내용 추론하기

– 핵심 내용, 세부 내용 파악하기

– 어휘나 표현의 의미 파악하기

– 기사의 제목을 보고 제목의 세부 내용 파악하기

– 안내문, 도표 등 정보 전달의 글을 읽고 세부 내용 파악하기

– 광고, 안내문 등 실용적인 글을 읽고 글의 핵심 내용 파악하기

– 소설을 읽고 인물의 태도/심정을 파악하고 세부 내용 추론하기

– 글 단위 간의 관계 추론하기 (문장 배열하기, 들어갈 문장의 위치 찾기)

　　TOPIK은 '한국어능력평가시험'으로 한국어 학습자들의 필수 과정처럼 인식되고 있다. 따라서 한국어 평가에서 토픽은 늘 관심의 대상이 되어왔다. 이에 여기에서 토픽의 변화와 특성, 그리고 토픽 읽기 평가 유형에 대해 알아보고자 한다.
　　1997년 제1회 시험이 시행된 한국어능력시험(TOPIK)이 2014년 7월 전

면적으로 재편되었다. 그동안 변모가 없었던 것은 아니다. 토픽은 2006년 제10회부터 6종의 문제를 3종으로 바꿨고, 제11회부터 평가 문항의 틀을 고정하였다. 또한 연 1회 실시하다가 2008년부터 연 2회, 2010년부터 연 4회로 시행 횟수를 확대하였다.

2014년 개편을 위하여 2010년부터 새로운 토픽(TOPIK) 평가 유형 개발이 시작되어 체계적인 연구를 거쳐 비로소 새로운 체제로 변형되었다.[3] 35회부터 개편된 체제의 토픽은 토픽 Ⅰ과 Ⅱ, 2종으로 하고 토픽 Ⅰ은 듣기와 읽기, 토픽 Ⅱ는 듣기, 쓰기, 읽기 세 가지 기능을 평가한다.

이러한 17년 만의 토픽(TOPIK)의 대대적인 재편은 학습자층의 변화와도 관련이 있다. 지속적인 한국어 학습자의 증가는 토픽의 등급별 응시자 분포를 통해 확인할 수 있다. 2010년 초급 학습자보다 중급 학습자 응시가 높아졌다.[4] 즉 응시율을 따졌을 때 피라미드형에서 단지형으로 변화된 것이다.

이는 유학과 취업 목적의 응시자가 늘어난 것과 실력 확인 등의 응시 목적이 아니라 다양한 목적의 지속적 한국어 학습자도 증가하였음을 알려준다. 여러 목적의 응시자 중에서도 학문목적 한국어 학습자나 직업 목적 학습자에게 토픽은 필수 항목에 해당한다.

지금까지 토픽 문제 유형을 잘 파악하면 시험에서 고득점을 올릴 수 있었다. 그러나 이러한 유형별 학습이 비록 고득점 획득에는 도움이 된다고 하더라도 본질적으로 학습자의 읽기 능력을 향상시키는 읽기 학습인지에 대해서는 더 생각해 볼 일이다. 읽기 시험을 잘 보는 비결은 읽기 시험을 잘 보는 비결일 뿐 실제 읽기 능력과는 별개일 수 있다[5].

---

3 이해영(2004)과 김정숙·최은규·김유정(2005)에서 논의된 토픽 논의들을 참조할 수 있다.

4 김정숙(2011:9-10)의 〈그림 2, 3, 4〉에 의하면 토픽 등급별 응시자 분포도는 피라미드형에서 종형으로 다시 단지형으로 변화되었다. 단지형이란 초급 응시자에 비해 중급과 고급의 응시자가 증가했다(중급〉고급〉초급)는 의미다. 제18회(2010년 시행, 응시자 수 36,183명)의 경우, 초급(19.8%), 중급(51.2%), 고급(38%)의 응시율을 보인다.

5 이상적인 평가라면 시험 점수는 수험자의 읽기 능력과 일치해야 한다. 그러

읽기 시험 대비는 읽기 능력의 향상을 바탕으로 해야 한다. 전반적인 학습자의 읽기 능력 향상을 중시하는 것이 입시 파행을 피할 수 있는 방안 중 하나다. 주제별 읽기는 근본적인 읽기 학습이 될 수 있다. 그런 까닭에 '유학생을 위한 한국어 읽기'라는 제목을 가진 유형의 교재는 대부분 주제별로 구성되어 있다.

주제별 읽기 학습은 한국어와 한국 문화를 동시에 습득하는 읽기 전략을 구사한다. 꾸준한 독해력과 읽기 인지력을 향상시키기 위해서는 주제별 학습을 권장한다.

2. TOPIK 읽기 평가의 방향

읽기 수업이 한국어 교육기관에서 통합적으로 진행되고 있다. 따라서 읽기는 문법과 어휘 수업 이후에 3교시에 이루어지기도 하고 다르게 진행되기도 한다. 이러한 기능 통합 수업이 아닌 읽기 수업이 별도로 진행될 경우, 가장 많이 시행되고 있는 수업이 '토픽 읽기 수업'이다.

그런데 토픽 읽기 수업이 유형별 학습이기만 하면 읽기 능력의 향상에 도움이 되지 않을 수 있다. 그보다는 주제별 학습이나 문화 학습과 연계하여 활동을 이끄는 방식으로 진행될 필요가 있다.

그러함에도 불구하고 현행 토픽 Ⅱ의 '읽기 평가' 유형은 제시하면 다음과 같다.[6]

나 평가라는 것 자체가 평가하고자 하는 것에 대해 추론할 근거가 된다는 Tim McNamra(『언어 평가』, 2000:9-10)를 참조한다면 시험 점수가 읽기 능력과 일치할 수 없다.

6 이 유형 분석을 2014년 여름 개편 당시 예시로 제공된 자료를 토대로 작성한 것이다. 이후 TOPIK 읽기 문항 유형을 보완하였다.

<표 25> TOPIK II 읽기 평가 유형

문항	문제 유형	텍스트 유형
1	문장 완성하기	단문
2		단문
3	유사 표현 고르기	단문
4		단문
5	소재 고르기	광고문
6		광고문
7		광고문
8		광고문
9	같은 내용 고르기	안내문
10		도표
11		설명문
12		수필
13	문장 순서 배열하기	기사문
14		설명문
15		수필
16	문장 완성하기	수필
17		논설문
18		설명문
19	문장 완성하기	논설문
20	같은 내용 고르기	
21	문장 완성하기	논설문
22	중심 생각 파악하기	
23	화자의 심리 파악하기	수필
24	같은 내용 고르기	
25	같은 내용 고르기	신문 기사 제목
26	같은 내용 고르기	신문 기사 제목
27	같은 내용 고르기	신문 기사 제목
28	문장 완성하기	논설문
29	문장 완성하기	논설문
30	문장 완성하기	수필
31	문장 완성하기	설명문
32	같은 내용 고르기	설명문
33	같은 내용 고르기	기사문
34	같은 내용 고르기	기사문
35	주제 고르기	설명문
36	주제 고르기	설명문
37	주제 고르기	설명문
38	주제 고르기	논설문

39	제시 문장 위치 고르기	설명문
40	제시 문장 위치 고르기	설명문
41	제시 문장 위치 고르기	설명문
42	화자의 심리 파악하기	수필
43	같은 내용 고르기	
44	주제 고르기	논설문
45	문장 완성하기	
46	제시 문장 위치 고르기	논설문
47	같은 내용 고르기	
48	글의 목적 고르기	논설문
49	문장 완성하기	
50	화자의 심리 파악하기	

전체적으로 30문항에서 50문항으로 늘었다. 읽기 자료의 종류가 다양해졌으며 높은 수준의 읽기 처리 능력을 요구하는 문항이 다수 포함되었다. 예를 들어 사실적 이해 능력 평가보다는 추론적 이해 능력 평가를 중시하여 개발되었다. '같은 내용 고르기', '주제 고르기' 등은 높은 수준의 읽기 능력을 요구하는 문항이다. 앞으로도 토픽은 한국어교육 평가에서 주목되는 부분이다.

2.1 TOPIK 읽기 평가 '같은 내용 고르기'

여기서는 **2018년 TOPIK II 60회** 한국어능력시험 읽기 기출문제 몇 문항을 가지고 살펴보자.[7]

---

[7] www.topik.go.kr 기출문제 풀이 참조

※ [32~34] 다음을 읽고 내용이 같은 것을 고르십시오. (각 2점)

32.
> 하루살이는 하루밖에 못 살 정도로 수명이 짧다고 해서 붙은 이름이다. 그러나 하루살이 애벌레는 성충이 되기 위해 약 1년을 물속에 살고 성충이 되어서는 1~2주 정도 산다. 하루살이 애벌레는 물속에 가라앉은 나뭇잎 등을 먹고 살지만 성충이 되면 입이 퇴화한다. 이런 까닭에 성충은 애벌레 때 몸속에 저장해 둔 영양분을 소모할 뿐 따로 먹이를 섭취하지 못한다.

① 하루살이의 수명은 하루를 넘지 않는다.
② 하루살이는 성충이 되는 데에 1~2주 정도 걸린다.
③ 하루살이 성충은 애벌레 때 저장한 영양분으로 산다.
④ 하루살이의 입은 성충이 되면서 기능이 더욱 발달한다.

33.
> 눈물은 약 98%가 물로 이루어져 있다. 나머지 성분은 눈물을 흘리는 상황에 따라 달라진다. 먼지 같은 외부의 물리적 자극 때문에 흘리는 눈물에는 세균에 저항할 수 있는 단백질이 포함되어 있다. 슬플 때 흘리는 눈물에는 항균 물질뿐만 아니라 스트레스로 인해 체내에 쌓인 물질도 들어 있다. 그래서 슬플 때 울고 나면 신체에 해로운 물질이 몸 밖으로 나가 기분이 나아진 것 같은 느낌을 받는다.

① 눈물 속에 있는 단백질은 기분을 좋게 만든다.
② 슬퍼서 흘리는 눈물에는 항균 물질이 빠져 있다.
③ 슬플 때 흘리는 눈물 속에는 몸에 나쁜 물질이 포함되어 있다.
④ 물리적 자극으로 흘리는 눈물이 슬플 때의 눈물보다 성분이 더 다양하다.

34.

> 19세기 중반까지는 태양의 위치를 기준으로 시간을 정해서 지역마다 시간이 달랐다. 이는 철도 이용이 활발해지면서 문제가 되었다. 철도 회사는 본사가 있는 지역의 시간을 기준으로 열차를 운행했다. 그래서 승객은 다른 지역에서 온 열차를 탈 때마다 자기 지역의 시간과 열차 시간이 달라 불편을 겪었다. 이를 해결하고자 캐나다의 한 철도 기사가 지구의 경도를 기준으로 하는 표준시를 제안하였고 이것이 현재의 표준시가 되었다.

① 표준시 도입의 필요성은 철도 분야에서 제기되었다.
② 예전에는 철도 회사가 지역의 기준 시간을 결정했다.
③ 캐나다에서는 19세기 이전부터 표준시를 사용해 왔다.
④ 철도 승객들은 표준시의 적용으로 불편을 겪게 되었다.

······

이렇게 '같은 내용 고르기' 문항을 확인할 수 있다. 정보 전달을 위한 설명문 등이 제시되어 있다. 이러한 읽기 평가 문항과 더불어 도표와 그래프를 제시한 후 '같은 내용 고르기'를 물었다. 다음은 **TOPIK II 36회 10번** 문항이다.

※ 도표/그래프 보고 같은 내용 고르기

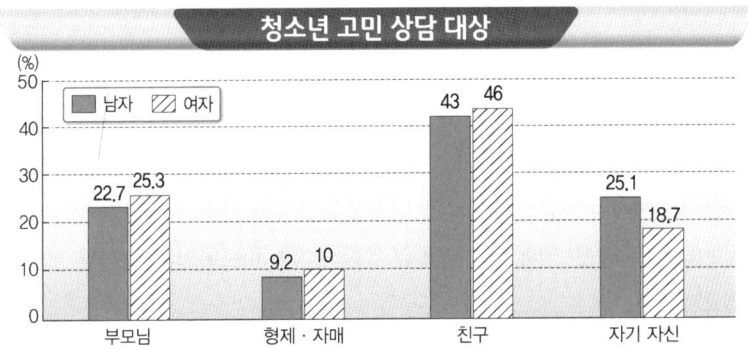

① 남녀 모두 부모님보다 친구에게 고민 상담을 많이 한다.
② 남녀 모두 형제와 자매에게 고민 상담을 가장 많이 한다.
③ 혼자서 고민을 해결하는 청소년은 여자보다 남자가 더 적다.
④ 부모님에게 고민을 말하는 청소년은 남자보다 여자가 더 적다.

2.2 TOPIK 읽기 평가 '주제 고르기'

마찬가지로 **TOPIK II 36회** 읽기 기출문제에서 **35번부터 38번**을 살펴보자.

※ [35~38] 다음 글의 주제로 가장 알맞은 것을 고르십시오. (각 2점)

35.

> 초소형 카메라는 의료용 및 산업용으로 만들어져 각 현장에서 유용하게 사용되고 있다. 그러나 원래의 목적에 맞지 않게 타인의 신체를 몰래 촬영하는 용도로 악용되는 사례가 늘고 있다. 이러한 악용을 원천적으로 방지하기 위해서는 신상 정보를 등록해야만 카메라의 판매 및 유통이 가능 하도록 법적 규제를 강화할 필요가 있다.

① 의료용 및 산업용 초소형 카메라의 사용처를 확대해야 한다.
② 초소형 카메라가 더 유용하게 사용될 수 있도록 개발해야 한다.
③ 초소형 카메라가 악용되는 것을 막기 위한 대책이 마련되어야 한다.
④ 원활한 판매 및 유통을 위해 초소형 카메라의 등록 과정을 간소화해야 한다.

36.

> 정보의 양이 폭발적으로 증가하면서 핵심만 집어낸 요약형 정보를 찾는 사람들이 늘고 있다. 필요한 지식을 쉽고 빠르게 얻을 수 있기 때문이다. 그러나 짧게 정돈된 지식만을 취하다 보면 사물을 오랫동안 관찰하고 분석하는 능력이 떨어지거나 정보를 비판적으로 처리할 수 있는 능력이 무뎌질 수 있다.

① 요약형 정보는 가장 효율적인 정보 습득 방식이다.
② 요약형 정보는 사람들의 사고력 저하를 초래할 수 있다.
③ 사람들이 습득해야 할 지식의 양이 크게 증가하고 있다.
④ 짧게 정돈된 지식 덕분에 정보 처리 시간을 줄일 수 있다.

37.

> 유명 드라마가 소설책으로 출간되는 일이 많아졌다. 소설이 인기를 끌면 그 후에 영상물로 제작되던 것과는 반대되는 현상이 생긴 것이다. 이러한 현상의 영향 탓인지 처음부터 영상물을 염두에 두고 글을 쓰는 소설가들이 늘고 있다. 그러나 이와 같이 영상물 중심으로 창작과 출판이 이루어진다면 순수 문학이 가진 고유한 특성들이 하나둘씩 사라질지도 모른다.

① 작가들의 창작열을 높이기 위한 보상 체계 마련이 시급하다.
② 출판물의 판매를 늘리기 위해 영상물을 활용한 홍보가 필요하다.
③ 영상물이 책으로 많이 출간되어야 출판 시장이 활성화될 수 있다.
④ 영상물이 갖는 영향력이 커지면 순수 문학이 위기를 맞을 수 있다.

38.

> 분자 요리는 과학을 응용해 기존 식재료가 갖는 물리적인 제약에서 벗어나 새로운 형태와 식감의 음식을 만드는 요리법이다. 노란 망고 주스와 하얀 우유로 계란 모양의 요리를 만드는 것이 한 예다. 분자 요리는 식재료 고유의 맛과 향은 유지한 채 기존에는 볼 수 없었던 요리를 선보일 수 있다는 점에서 새로운 요리 문화를 이끌 것으로 기대하고 있다. 독특한 음식에 대한 설렘과 즐거움을 제공한다는 점도 이러한 기대감을 키운다.

① 분자 요리가 과학의 연구 영역을 더 넓히고 있다.
② 독특한 음식에 대한 소비자들의 요구가 늘고 있다.
③ 식재료가 갖는 제약 탓에 요리법 개발이 정체되고 있다.
④ 새로운 요리 문화를 이끌 요리법으로 분자 요리가 주목받고 있다.

35번의 텍스트 유형은 기사문이고, 38번은 설명문으로 보인다. 그러나 자세히 읽어 보면 정보를 전달하는 설명하는 글로 명확히 기사문이라든지 설명문이라든지 텍스트 유형을 확정하기는 어려운 개작 텍스트로 보인다. 이 읽기 텍스트는 최근의 관심거리가 될만한 시사적인 내용어서 흥미로우면서도 논란거리가 안 될 것들이다.

'주제 고르기'와 '중심 내용 파악하기'는 비슷하다. 아마도 '주제 고르기'는 진술된 그대로의 정보로부터 글의 내용을 판단하는 능력과 관련되는 것 같다. 이런 이유는 '중심 생각 파악하기'는 '주제 고르기'보다 학습자에게 어려울 수 있다. '중심 생각 파악하기' 평가는 사실적 이해를 넘어 추론적 이해에 도달해야 문제를 해결할 수 있다.

K-culture 인기에 힘입어 TOPIK 지원자 수는 19만 명을 넘어섰다(국립국제교육원 발표). 홍콩뿐만 아니라 베트남 다낭에서도 '한국어'를 제2 외국어 입시에 넣을 준비에 들어갔다. 한국어 열풍이라고 할 만하다. 앞으로 TOPIK 읽기 평가에 대한 질적인 논의가 이어져서 한국어 읽기 학습을 통하여 한국어 학습자가 세계 시민의식과 공공선을 터득하도록 자리 잡기를 바란다.

QUIZ

문제 1 TOPIK에 대한 설명으로 옳은 것은?

보기
① 한국어교육능력검정시험이다.
② 2000년 처음 시행되었다.
③ 2014년에 두 체계로 개편되었다.
④ 한국어 초급 학습자의 응시율이 가장 높다.

해설 한국어능력시험이다. 1997년 1회 시험이 시행되었다. 2010년 이후 초급보다 중급 학습자의 응시율이 더 높아졌다.

문제 2 주제 중심 읽기에 대한 설명이 아닌 것은?

보기
① 지속적 묵독
② 비판적 능력 향상
③ 자기 선택적 독서
④ 총체적 언어 접근법

해설 총체적 언어 접근법의 의미 중심 읽기와 관련된다.

문제 3 TOPIK 읽기 평가에 자주 활용되는 텍스트가 아닌 것은?

보기
① 설명문
② 안내문
③ 광고문
④ 픽션

해설 TOPIK 읽기 평가에 활용되는 텍스트 구조는 정해져 있는 편이다.

정답 ③ ④ ④

정리해 봅시다

① 능력별 평가 요소에 따라서 적절한 문항 유형을 선택적으로 활용해야 한다.

② 토픽 읽기를 준비하면서 실제적인 읽기 능력 향상이 이루어지도록 다양한 읽기 방법을 활용해야 한다.

③ 2014년 토픽 체제가 개편되면서 높은 수준의 읽기 능력을 요구하는 문항들이 많아졌다.

④ 다양한 목적을 가진 한국어 학습자가 늘면서 한국어 능력 평가에 여러 가지 영향을 미치고 있다.

14장

읽기 교육의 미래

들어가며

학습목표

1. 읽기 교육의 주변으로 확장된 논의할 수 있다.
2. 읽기 교육의 전망을 알 수 있다.

학습목차

1. 읽기 교육과 한국어
2. 읽기 교육의 생태계

미리 볼까요?

OX 문제

➔ 한국어 읽기 교육과 독서교육은 관계가 없다.

정답

해설

➔ 한국어교육학은 인접 학문과의 연계를 통해 정체성을 확립해 가는 중이다.

1.
읽기 교육과 한국어

1. 독서 교육과 한국어 읽기

1.1 국어교육과 한국어 교육[1]

모국어 사용 학습자 대상 한국어 교육을 '국어교육'이라고 하고, 외국인 학습자 대상 한국어 교육을 '한국어 교육'이라고 한다. 이러한 구분이 적절하지 않다는 논의가 활발하게 진행되는 중이다(박재현 외, 2016; 민현식, 2020 등). 특히 박재현(2016:67)에서는 '현재 한국어의 사용과 교육과 관련된 언어 경관은 더 이상 이제까지의 이분법적 구획틀로는 감당할 수 없는 현실에 직면해 있다'고 하면서 시간과 공간의 축을 두고 인간의 생애 주기와 국내외를 망라하여 새로운 틀을 제시하였다.[2]

---

[1] 14장 읽기 교육의 미래는 다듬어지지 않은 생각을 자유롭게 펼쳤다. 앞으로 구체적으로 탐구해 나갈 계획이다.

[2] 박재현 외(2016)에서는 전지구화 시대 성인교육과 평생교육이 이루어져야 하는 언어교육의 필요성을 드러내고, '모국어'를 '계승어'라고 해야 하는 이유를 소상히 밝혔다.

이러한 논의를 받아안아, 국어교육과 한국어 교육의 융합을 전제로 두고 언어 사용 주체를 고려한 진전된 논의가 필요하다. '국어교육'을 처음부터 '한국어교육'이라고 명명하지 못한 것이 문제(박재현 외, 2016:44)라면[3] 우선 전체를 한국어 교육이라고 하고, 학습자에 따라서 모어 사용자 대상과 외국인 대상의 한국어 교육(Teaching of Korean Reading as a foreign Language)이 있다고 불러보자. 여기에다가 학습자에 따라 한국어 교육을 여럿으로 나누어 보자.

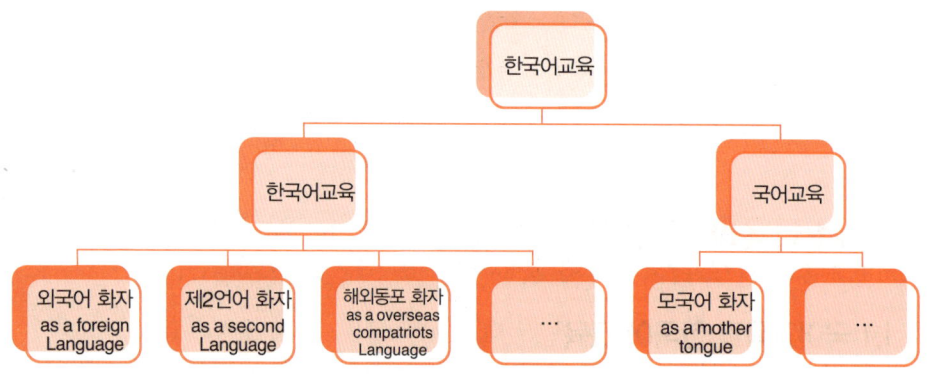

[그림 8] 한국어 교육의 정체성

---

[3] 필자는 1990년 대 연구자의 길로 들어서면서부터 **왜 '한국어 교육'을 외국인 학습자 대상으로 한정하는지 의문이었다. 왜냐하면 '한국어교육학회'가 '국어교육'이라는 학술지를 내고 있었기 때문이다.** 어쨌든 해석의 오류를 피하기 위해서 해당 논문을 발췌해서 참조로 제시한다. "한반도 안, 한국어 공동체의 안, 그 중에서도 학교를 중심으로 이루어지는 국어라는 교과 교육을 중핵으로 하는 것을 '국어교육'이라는 이름으로 싸잡고, 학교의 바깥, 교과의 바깥, 한국인의 바깥을 두루 아울러 '한국어교육'이라는 이름으로 싸잡은 것은 또 다른 중대한 잘못이었다. 이로써 우리는 '한국어'라는 자연어를 대상으로 하는 교육의 모든 의미역을 포괄할 수 있는 이름을 잃게 되었고, 잘못된 이름으로 대상을 불러야 하는 수많은 잘못을 끊임없이 반복해야 하는 상황이며, 이러한 상황으로 인해 우리는 일상에서 '국어'와 '국어가 아닌 것'을 구분하고, 우리의 '안'과 '밖'을 구분하며, '우리'와 '그들'을 구분하며, '학교'와 '학교 아닌 곳'을 구분하는 끝없는 이분법적 판단을 무의식적으로 수행해야 하는 처지에 처하게 되었다" (박재현 외, 2016:44)

위 그림에는 외국어화자, 제2언어화자, 해외동포 화자만 넣었지만 얼마든지 더 추가된다. 그것을 표현하기 위해서 빈칸을 두었다. 한국어 학습 주체는 시간과 공간 축으로 다양하게 유형화할 수 있다. 외국인 노동자, 이민자, 동포 2세 등 사회의 환경 변화에 따라서 한국어 교육의 관심 영역도 다 변화될 수밖에 없다. 국어교육 화자도 마찬가지다.

'한국어읽기교육론'에서 한국어 읽기 교육을 제2언어 화자 대상(Teaching of Korean Reading as a Second Language)과 외국어 화자 대상(Teaching of Korean Reading as a foreign Language)으로 구분하면 훨씬 설득력이 있었을 부분들도 많다. 이 문제도 앞으로 더 활발하게 논의될 것이다.

1.2 독서 교육과 한국어 읽기 교육

'독서'는 'Reading the Textbook'으로 '읽기'는 'Reading the Text'라고 말할 수 있다. 그리고 '독서 교육'은 모국어 화자 대상으로 논의하고[4] '읽기 교육'은 그 밖의 학습 주체들을 대상으로 논의한다. 1995년 창립된 한국독서학회와 1985년 창립된 국제 한국어교육학회(iakle)가 별도로 (모국어 화자 대상의) 독서 교육과 (외국어로서의 한국어 학습자 대상의) 읽기 교육 논의를 진행하고 있다.[5] '독서 교육'은 독서태도, 복합양식 문식성, 독서 과정 등의 연구를, '읽기 교육'은 읽기 자료, 읽기 전략, 읽기 방법 등의 연구를 내놓고 있다.

2002년 한국연구재단이 한국어교육학을 독립적인 학문 영역으로 인정하였다(김정숙, 2012:7). 한국어교육학의 정체성을 찾기 위한 노력은 연구 동향 분석을 귀납적으로 실행한 강승혜(2003), 김중섭(2004) 등에 의해 시

---

[4] 모국어 화자들은 태어나면서부터 한국어 입말을 익히고 몇 년이 지나면 한국어 글말도 사용하게 된다. 따라서 읽기 교육의 대상보다는 독서교육의 대상으로 더 많이 논의되는 편이다.

[5] 독서 교육 연구자는 이순영, 최숙기, 박영민 등이 계시고, 읽기 교육 연구자는 강현화, 권미옥, 최정순, 김정숙 등이 계시다.

작되어 지금까지 계속되는 중이다. 김정숙(2012)은 한국어교육학의 하위 학문으로 국어학, 교육학, 외국어교육학 등을 꼽고, 인접 학문으로 하위 학문 등과 사회학, 심리학, 문화인류학을 들며 이들의 연계를 강조하였다.

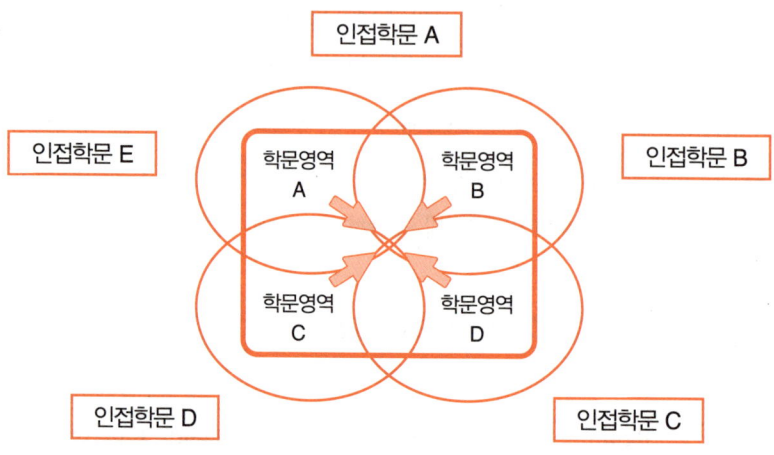

[그림 5] 한국어 교육의 학문적 정체성(출처: 김정숙, 2012:17 <그림 5>)

한국어 읽기 교육도 마찬가지다. 지구촌 시대, 팬데믹 시대 독서 교육과 읽기 교육이 뭉칠 때다. 두 학문 사이의 관계를 밝혀 연계와 위계를 구분하고 함께 논의를 섞어도 좋겠다.

2. 읽기 교육 연구의 전망

2.1 읽기 교재 편찬

한국어 교재는 '바탕기→근태 태동기→양적 팽창기→현대 도약기→현대 발전기→한국어 교재의 세계화 시대'로 구분할 수 있다(고경민, 2012:291). 한국어 교재 개발이 활발해진 시기는 현대 발전기로, 이 시기는 대학 기관용 종합 교재가 만들어진 때다[6]. 이 시기(현대 발전기)는 1959년 연세대 한국어학당 설립 이래 국내 한국어 교재 개발 역사에서 눈여겨볼 만하다.

기관 형태의 교재 개발에서 독본류와 회화류만 분리하여 편찬했으며, 1999년까지 읽기 교재가 간행되었다. 우리는 기관에서 개발한 교재만 살펴보아도 국내 한국어 교수법이 어떤 변화를 겪어왔는지 확인할 수 있다(고경민, 2019). 기관에서 만든 교재는 거대한 규모를 가지고 있으며 일반 목적 학습자를 대상으로 한 범용 교재가 대부분을 차지한다.

이제, 한국어 교재 세계화 시대를 맞았다. 세종학당은 세종학당 교육과정(www.ksif.or.kr)에 맞춰 교재를 개발했다.

---

[6] 고경민(2012:293-294)은 **현대 도약기의 교재 개발**을 다음과 같이 정리했다. "연세대학교 한국어학당에서 간행한 『한국어』 시리즈는 총 6권까지 발행되었으며, 1급부터 6급까지의 급수를 고려해서 만들어진 교재이다. 급수에 따라 교재 편제에도 차이가 있는데, 1부터 3까지는 영어 번역문을 함께 실어 초급 학습자들의 이해를 돕고 있고, 본문의 해석과 문법 설명 부분에 영어 설명을 덧붙이고 있다. 연세대학교에서 나온 교재는 1960년 이래 독본류와 회화류로 나눠서 교재를 편찬하였으며, 발전기 후반인 1999년까지 '읽기' 교재를 따로 간행하였다. 『한국어』 시리즈는 생활 필수 회화를 중심으로 다루고 있는데, 단순한 생활 회화만이 아닌 한국의 문화와 사고까지 폭넓게 다뤄주고 있다는 특징이 있다. 단원 구성은 '대화-어휘-문법-유형 연습'으로 이루어져 있으며, 대화의 경우 공통적으로 6개의 문장, 3개의 대화로 구성되어 있다. 어휘는 본문의 주요 내용과 관련된 것들로 대화 아래에 기재하고 있다. 문법은 본문에서 다뤘던 내용의 문법 요소들을 설명하는 형태이며, 영문 설명과 예문으로 이루어져 있다. 유형 연습은 본문과 문법에서 다뤘던 표현들에 대해 반복적으로 학습할 수 있도록 구성하였는데 '보기'를 제시하고 '보기'의 형태에 맞게 따라 읽고, 말하는 형태로 제시하고 있다. 부록에는 '단어 색인'과 '문법 요소 색인'을 두어 본문에서 학습한 내용을 쉽게 찾아볼 수 있도록 구성하였다."라고 설명하였다.

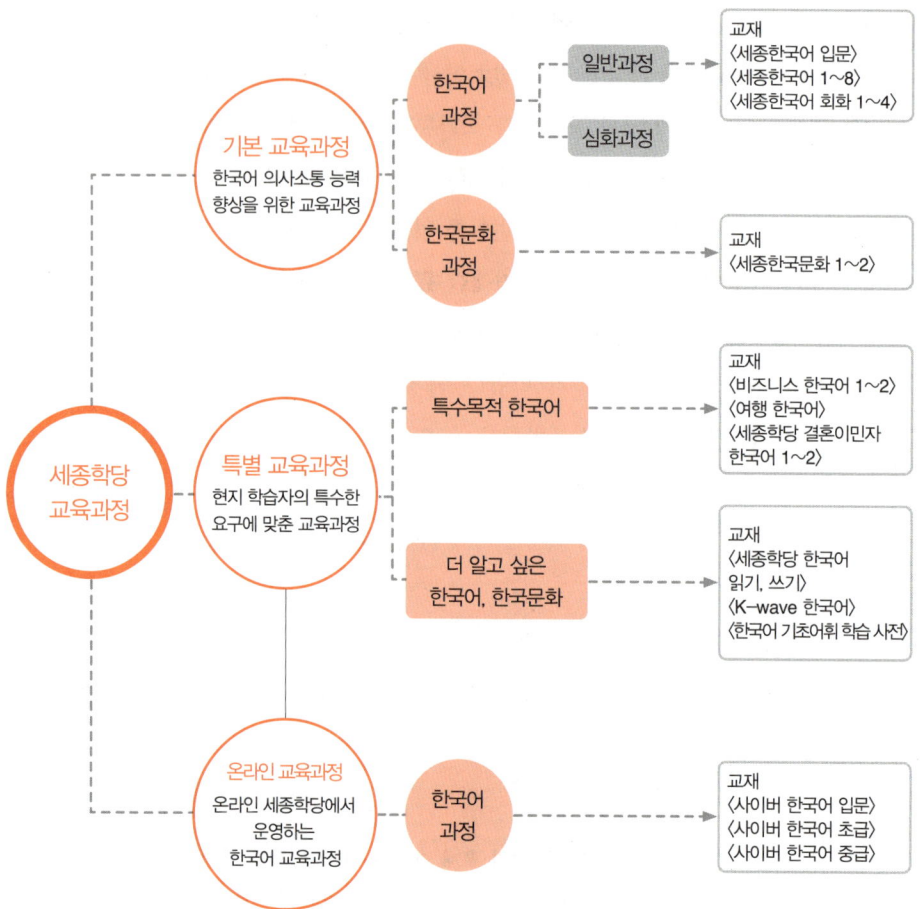

[그림 10] 세종학당 한국어 표준교육과정

세종학당 교육과정은 '기본 교육과정', '특별 교육과정', '온라인 교육과정'으로 짜여 있다. 이에 따라 국제통용 한국어 표준 교육과정 세종한국어 1급~6급, 사이버 한국어 교육과정 초급 1, 초급 2, 중급 1, 중급 2를 개발하여 전세계 84개국 244개소 세종학당에 배포하고 있다.

국가사업이나 기관 사업으로 진행되는 교재 개발에 힘찬 응원을 보내면서 보다 다양한 형태와 수준의 교재 개발에 힘을 싣고 싶다. 한국어 현장에 계신 교사들은 개발된 교재를 사용하면서도 아쉬운 마음이 들 때가 있다. 그럴 때면 교육 기간(단기, 장기 등)이나 교육 대상의 국별, 연령별 분포에 따라 적합한 읽기 자료를 따로 만들기도 한다. 소규모의 한국어 교사끼리의 교재 개발, 혹은 인공지능 기술자와 함께 개발한 사이버 교재 등, 어휘 수준별, 읽기 단계별, 읽기 전략별, 주제별, 다양한 수준과 형태와 구성을 가진 읽기 교재가 여기저기에서 만들어지는 모습을 상상한다.

2013년 만나서 『술술 풀리는 한국어 읽기』를 냈던 읽기 교재 개발팀은 표준 모형의 한국어 주제를 목록별로 분류한 후, TOPIK 문항의 주제들을 표준모형 목록에 넣는 작업을 한 바 있다. 그렇게 가려보니 다음과 같이 14개의 주제가 최다 빈도를 나타냈다.

<표 26> 한국어 읽기 주제 (출처: 하채현·김지우, 2014)

번호	주제	번호	주제
1	심리	8	언어
2	직업	9	환경문제
3	교양·상식	10	경제
4	과학	11	교육
5	인물	12	취미와 여가
6	일상생활	13	매체
7	건강	14	사회

모든 주제를 포함한 읽기 교재(하채현·김지우, 2014)를 개발한 후 주제에 따른 읽기 교재를 한 권씩 만들고자 하였다. 첫 번째 "심리" 주제의 교재부터 만들 포부를 가지고 있다. 특히 9번 환경 주제의 한국어 읽기 교재 개발도 흥미롭겠다.

2.2 읽기 교육 모형 개발

2000년대에 들어서면서 인터넷 보급이 가속화되고 스마트폰 이용자가 늘어나면서 한류 콘텐츠 접근 방식은 방송에서 인터넷과 SNS 등으로 다변화되었다(유해준, 2021:13). 앞으로 상향식 처리 과정, 하향식 처리 과정 등의 읽기 교육 모형에 머물 수 없는 실정이다.

코로나(COVID19) 이후 플립드러닝(flipped learning) 기반 수업이 본격화되었다. 플립드러닝은 이론적인 내용을 선행 학습으로 진행한 후, 학습자는 교실(in class)에서 활동 위주의 학습을 수행하는 교수법이다. 한국어 통합 수업에서 플립드러닝 적용 사례가 많아지고 있다.

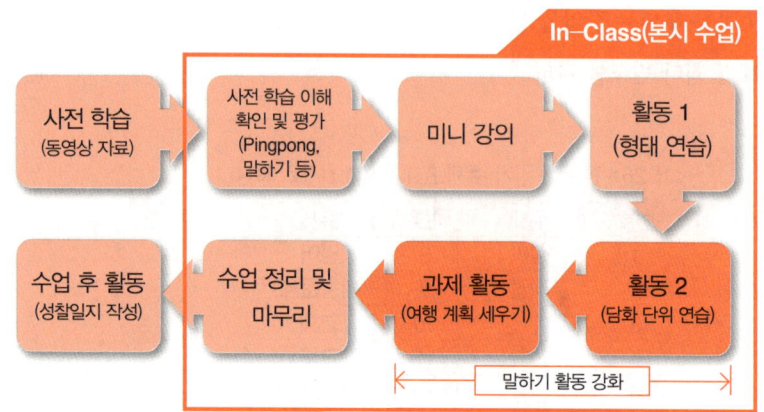

[그림 11] 한국어 말하기와 문법 통합 교육을 위한 플립드러닝(출처: 이경·윤영, 2017:345)

플립드러닝을 활용하면 학습자의 말하기 활동 시간을 충분히 둘 수 있어서 학습자의 만족도를 높일 수 있다. 그밖에 PBL 수업을 한국어 읽기에 활용하기도 한다. 일명 문제해결 기반의 자기주도 학습형인 PBL은 성인 한국어 학습자의 경우, 효율적인 한국어 수업 운영이 가능하다.

최근에는 메타버스를 활용한 한국어 교수법이 강세다.[7] 이 밖에도 TBL, 3PDSS모형, IBTB모형, Udemy활용러닝, ASSURE모형 등 활발하게 진행되고 있는 교수법 연구를 바탕으로 한국어 읽기 교수 모형 개발에 힘써야겠다.

---

[7] 학술 검색만으로 여러 건이 보인다. 예를 들면, 박신정, 송은지(2022), 이바른(2022), 박진철(2021), 류선숙(2022), 장지영(2021), 이해영·정혜선(2022) 등이다.

2.
한국어 읽기 교육의 생태계

1. 온라인 한국어 읽기

　10년 전만 해도 웹 기반 한국어 읽기가 낯설었다. 가상 교실에서 읽기를 진행한다는 것을 상상하지 못했다. 팬데믹 이후 웨비나를 통한 교육이 일상이 되었다. 교사는 미리 읽기 자료를 만들고 그것을 각자의 공간에서 화면으로 본다. 웹카메라와 마이크 준비는 각자의 몫이다. 휴대폰에도 들어 있는 기능이다.

　처음에는 1G를 사용했는데 이제는 64G도 금방 찬다. 웹하드(Web hard)를 사용하지 않으면 자료 공유가 어렵다. 각자의 드라이브나 mailbox 용량을 늘리기 위해서 매달 돈을 써야 한다. 학생들은 인강(Internet Instruction)을 찾아 웹에서 미끄러지며 배회하며 많은 시간을 보낸다.

　곽도경·민경아(2021:263)은 학문 목적 한국어 학습자의 읽기 교육 연구의 현황과 과제를 탐색하면서 읽기 환경의 변화에 주목하였다. 온라인 환경에서의 읽기 교수-학습에 대한 논의가 필요하며, 이때 블렌디드 러닝이나 플립드러닝과 같은 온·오프라인 교육을 동시에 진행하는 교수법 적용의 중요성을 밝혔다. 김지혜(2021:50)도 K-culture 등의 영향으로 비한국계 청소년 대상 한국어 학습자가 급증하고 있으며, 온라인 플랫폼으로 교육이 이루어지고 있는 점을 확인해 주었다.

    교육 기관은 온라인 수업을 환영한다. 원거리 교육에 대한 법적 규제도 약해졌다. 교사는 수업 준비에 시간을 들이고, 학생은 교사의 준비된 화면으로 학습한다. 묵독도 하고 낭독도 한다. 교사와 학생은 상호작용할 때 웹 툴(Web Tool)을 사용한다. 서로 직접 만나거나 목소리를 건네는 일대일 방식을 어색해한다.

    읽기 교육은 사고 과정으로 이루어지므로 학습자를 관찰하는 '인간 변인'이 중요한 연구 영역이다. 읽기 수업은 이러한 읽기의 특성을 바탕으로 전략을 구상하고 단계별 활동을 구성한다. 한국의 세계화 시대에 세종학당도 온라인 교육과정을 운영한다.

    그런데 웹 기반의 읽기 교실은 상호작용 도구를 활용하여 읽기 능력을 향상하고자 한다. 어쩌면 웹 기반의 상호작용 툴(도구)도 대개 구글에서 제공하는 것들이다. 교사와 학생이 패들렛(Padlet)이나 멘티미터(Mentimeter)에 최적화되면 읽기 능력이 좋아졌다고 평가할 수 있을까? 웹 기반 한국어 읽기는 이러한 읽기 생태계의 변화를 민감하게 점검할 필요가 있다.

2. 인공지능 시대의 읽기

    데이비드 버킹엄(Buckingham, David)과 정현선 선생님이 전자매체와 미디어 읽기를 이야기하면서 읽기 쓰기의 변화를 주창하던 때의 신선함[8]이 떠오른다. 아직은 기계가 사람과 다르다고 하지만 우리는 알람 기능 없이는 제시간에 일어나기 힘들고, 심심하면 Siri와 대화를 나누기도 한다. 은행 업무는 지니(Genie)와 상담하고 자율주행 자동차를 타 핸들링 없이 운전

---

[8] 2000년 중반쯤으로 기억한다.

하며 일 처리를 하며 로봇 수술을 하고 파파고의 번역에 의존하여 정보를 확인한다. 머신러닝(기계학습)으로 가능해진 일이다.

빅데이터로 학습하는 컴퓨터는 인터넷 네트워킹으로 바둑에서, 작곡에서, 입시에서 어떻게 보면 전 사회 분야에서 인간을 능가하고 있다. 절대로 잊어버리지 않는 기억력과 잠을 자거나 기분에 좌우되지 않는 초능력자여서 초능력자와 함께 살아가는 우리 인간은 다시 '인간이란 누구인가? 혹은 무엇인가?'라는 존재론적 물음을 던져야 한다.

인류 문명은 그냥 이루어지지 않았다. 기록에 의하여 계승되어 축적된 문화적 바탕이 진보를 앞당겨왔다. '기록된 문화'를 읽는 인간이 중요했다. 그러나 인공지능 시대의 '읽기'는 모든 면에서 새로운 패러다임에 직면해 있다. 한 편에서는 인공지능 기술을 활용하여 다양한 시스템을 개발하고 실제 교육 현장에 도입한 연구가 진행되고 있다.

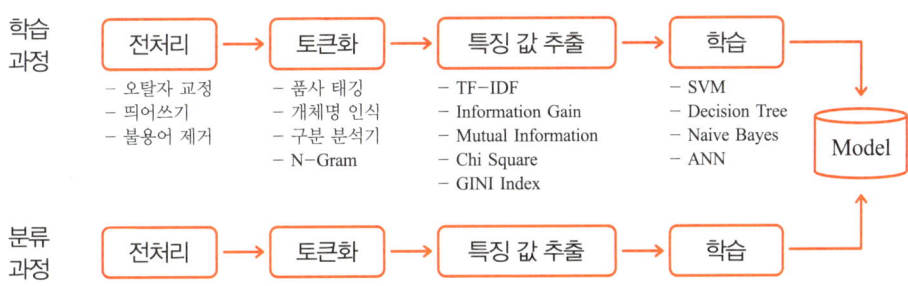

[그림 12] 인공지능을 활용한 읽기 텍스트 분류 과정(출처: 김형민·고현준, 2022:119 <그림 1>)

김형민·고현준(2022)은 마치 알고리즘처럼 학습자의 흥미에 맞는 텍스트를 맞춤형으로 제공하는 읽기 학습 시스템의 고안할 방안을 고민하였다. 인공지능이 세종학당 교재에 담긴 읽기 텍스트를 어느 정도 분류할 수 있는지 확인하였다. 여기에서 전처리가 중요한데 인간의 언어와 기계의 언어가 다르므로 인간의 언어를 기계가 알아듣도록 만드는 과정이 전처리에 해당한다. 그리고 토큰화(tokenization)란 텍스트에 대해 특정 기준 단위로 문장을 나누는 것을 의미하는데, 예를 들어, 문장을 단어 기준으로 나누거나 전체 글을 문장 단위로 나누는 것들이 토크나이징에 해당한다(전창욱 외, 2020:65). 이 연구에서 모델 성능은 약 80% 성공한 것으로 나왔는데 범주가 6개(정치, 경제, 생활/문화, IT/과학, 사회, 세계)로 단순하기 때문인지 모른다고 한계점을 밝혀 두었다.

 사람이 기계처럼 읽지 않고, 사람이 기계처럼 살 수 없다. 그러나 인공지능은 인간의 뇌가 머리 안에 들어 있지 않아도 된다는 철학에 힘입어 키티호크의 시간(kitty Hawk Time)을 겪고 있는 것만은 확실하다. 인공지능 시대, 읽기가 변화면 읽기 교육도 변할 수밖에 없다.

QUIZ

문제 1   한국어 읽기 교육의 인접 학문으로 보기 어려운 것은?

보기
① 국어학
② 문화인류학
③ 심리학
④ 항공정비

해설   역사와 사회, 인류와 문화, 예술과 지역학 등 한국어교육학은 다양한 인접 학문을 두고 있다.

문제 2   읽기 교재 편찬에 대한 설명으로 적절하지 않은 것은?

보기
① 읽기 교재는 읽기 교수법과 관련이 있다.
② 읽기 교재는 국가 기관이 출판해야 한다.
③ 연세대 한국어학당에서 읽기 분리 교재를 만들었다.
④ 읽기 교재는 읽기 전략에 따라 개발될 수 있다.

해설   읽기 교재는 다양한 수준에서 다양한 형태로 만들어질 필요가 있다.

문제 3   온라인 한국어에 대한 설명으로 적절한 것은?

보기
① 읽기는 온라인으로 수업할 수 없다.
② 읽기는 플립드러닝으로 한 적이 없다.
③ 온라인 수업이 많아지면 무조건 좋지 않다.
④ 세종학당은 온라인 교육과정을 운영하고 있다.

해설   세종학당 한국어 표준교육과정을 확인하자.

정답   ④ ② ④

정리해 봅시다

① 독서 교육과 한국어 읽기 교육이 상생할 때이다.

② 한국어교육학의 정체성 논의가 한창이다.

③ 다양한 수준의 읽기 교재가 만들어져서 다양한 학습자에게 도움이 되기를 바란다.

④ 온 오프라인으로 한국어 읽기 수업이 이루어지고 있다.

⑤ 플립드러닝, 블렌디드러닝, PBL, TBL 등 다양한 교수법이 한국어 읽기 교육에 활용되어야 한다.

⑥ 인공지능 시대에 한국어 읽기 텍스트 처리 관련 연구가 나왔다. 이제 인공지능과 관련된 한국어 읽기 수업 연구가 본격화될 것이다.

참고문헌

[국내문헌]
강승혜 외(2016), 『한국어교원을 위한 한국어교육학』, 한국방송통신대학교출판부.
강승혜(2017), 「한국어교육 연구 동향 분석을 기초로 한 한국어교육학의 연구 영역」, 『새국어교육』, 110, 121-146.
강현화·홍혜란·박지순·박수연·윤경원·남신혜·장채린(2021), 『한국어 이해 교육론』, 한국문화사.
강현화(2013), 「한국어 어휘교육 연구의 이론과 실제」, 『언어와 문화』, 9(3), 한국언어문화교육학회, 1-38.
강현화(2014), 「한국어교육용 중급 어휘 선정에 대한 연구」, 『외국어로서의 한국어교육』, 40, 연세대학교한국어학당, 2-49.
강현화(2015), 「한국어교육용 고급 어휘 선정에 대한 연구」, 『외국어로서의 한국어교육』, 42, 연세대학교한국어학당, 1-28.
강현화·원미진(2017), 『한국어교육학의 이해와 탐구』, 한국문화사.
고경민(2012), 「분과별 발표 : 한국어 교재 변천사 연구」, 『국제한국어교육학회 추계학술발표논문집』, 2012, pp. 285-311.
고경민(2013), 「국외 한국어 교재의 변천사 연구-중국과 일본을 중심으로」, 『한말연구』, 33, 5-36.
고경민(2019), 「외국어 교수법의 변천과 한국어교재와의 상관성에 대한 연구- 전통적 교수방식에서 직접식 교수법까지 -」, 『한말연구』, 52, 5-44.
곽도형·민경아(2021), 「학문 목적 한국어 읽기 교육 연구의 현황 및 과제」, 『Journal of Korean Culture (JKC)』, 55, 235-270.
국립국어원(2011), 『국제 통용 한국어 교육 표준 모형』, 104-111.
국립국어원(2020), 『한국어 표준 교육과정(문화체육관광부고시 제2020-54호(2020.11.27.)전문』, 국립국어원.
국제한국어학회(2009), 『한국어이해교육론』, 형설출판사.
권미정(1999), 「외국어로서의한국어읽기교육 : 독해 전략을 통한 효율적인 읽기 방안」, 『한국어교육』, 10(1), 국제한국어교육학회, 1-28.
권성미(2007), 「한국어 읽기 교재 분석을 위한 분석모형 개발」, 『언어와 문화』, 3(1), 한국언어문화교육학회, 143-161.
김미옥(1992), 「읽기 교육에 관한 연구」, 『외국어로서의 한국어교육』, 17(1), 연세대학교한국어학당, 5-14.
김미옥(2008), 「읽기 교육의 효과적 방법」, 『외국어로서의 한국어교육』, 33, 연세대학교한국어학당, 43-77.
김성은(2005), 「담화구조 학습이 읽기에 미치는 영향-설명적 텍스트를 중심으로」, 『외국어로서의 한국어교육』, 30, 연세대학교 한국어학당, 45-76.
김인환(1999), 「산문의 방법」, 『언어학과 문학』, 고려대학교출판부.
김정숙(2012), 「한국어교육학의 정체성 및 연계학문적 특성 연구」, 『한국어교육』, 23(2), 39-59.
김정숙(2017), 「한국어능력시험 20년 발전사와 최근 동향 -1997년 제1회 시험부터 2016년 제52회 시험까지-」, 『한국어 교육』, 28(3), 국제한국어교육학회, 1-24.
김종윤 외(2018), 역사 및 물리 교사의 텍스트 읽기 양상 비교를 통한 학문 문식성 개념의 교육적 적용 방안 탐색」, 『교육과정평가연구』, 21(4), 43-72.
김종윤(2020), 「고등학교 수준에서의 정보 텍스트(비문학) 시험 및 읽기 교수학습 방향에 대한 소고」, 『우리말교육현장연구』, 14(2), 135-165.
김중섭(2004), 「한국어 교육학의 정체성에 관한 연구」, 『한국어교육』, 15(2), 75-92.
김지혜(2021), 「청소년 학습자 대상 한국어교육을 위한 관련 연구 동향 분석 - 비한국계 청소년을 중심으로 -」, 『외국어로서의 한국어교육』, 62, 연세대학교 한국어학당, 32-57.
김태희(2021), 「행위를 중심으로 한 언어 문화의 통합적 수업활동」, 『일본문화학보』, 한국일본문화학회, 89, 5-26.
김형민(2019), 「해외 한국어 학습자 대상의 웹 기반 읽기 학습 시스템 설계를 위한 요구 분석」, 『문화와 융합』, 41(5), 911-966.
김형민·고현준(2022), 「한국어 읽기 텍스트 분류를 위한 오픈소스 인공지능 기술 성능 평가」, 『한국어 교육』, 33(2), 국제한국어교육학회, 115-135.
김형복(2013), 「전략 중심의 한국어 읽기 교재 개발 연구」, 『한국어문화교육』, 7(2), 55-82.
김혜정(2006), 「읽기 교육 방법론에 대한 재고」, 『국어교육학연구』, 26, 국어교육학회, 161-198.
남신혜(2015), 「읽기 과제와 텍스트 유형에 따른 L2 한국어 학습자의 읽기 전략」, 『언어학연구』, 2-3, 한국언어연구학회, 23-54.
류선숙(2022), 「메타버스(Metaverse) 기반의 한국어 교과목 설계에 관한 가능성 탐색 연구」, 교양교육연구, 16(2), 『한국교양교육학회』, 289-305.
박대아·박지윤·이재규·최강민·최정숙·하채현(2022), 『공감과 소통의 글쓰기』, 인문과교양.
박신정·송은지(2022), 「메타버스를 활용한 다문화가정 대상 한국어 교육 프로그램 제안」, 『한국정보통신학회 종합학술대회 논문집』, 26(1), 581-583.
박영순(2010), 『한국어와 한국어교육』, 한국문화사.
박재현·김호정·남가영·김은성(2016), 「한국어의 교육:월경과 통합」, 『국어국문학』, 177, 41-71.
박진철(2021), 「한국어 교육에서의 메타버스(Metaverse) 활용 가능성 탐색」, 『한국언어문화학』, 18(3), 117-146.
백지연·나경희(2021), 「대학 영어 수업에서의 영화 기반 언어-문화 통합 수업의 효과성 분석」, Foreign languages education, 28(1), 한국외국어교육학회, 123-143.
서종학·이미향·박진욱(2017), 『한국어 교재론』, 한국문화사.
유시민(2015), 『유시민의 글쓰기특강』, 생각의길.
유해준(2021), 「해외 대학에서의 한국어 수업 설계 방안 -베트남 사례를 중심으로-」, 국제한국어교육학회 춘계학술발표논문집, 2021, 172-187.
이경·윤영(2017), 「한국어 말하기 능력 신장을 위한 플립드 러닝(flipped learning) 기반 문법 교육 방안 연구」, 『교육문화연구』, 23(4), 333-361.
이명희(2011), 「텍스트 재구성을 통한 한국어 읽기 자료 구성 방안 연구」, 『한국어문화교육』 5(1), 55-80.
이바른(2022), 「메타버스(Metaverse)를 활용한 한국어 말하기 교육 방안」, 국제한국언어문화학회 (INK) 제33차 춘계국제학술대회, 130-143.
이소현(2015), 「플립드 러닝을 활용한 한국어 문법 교육의 실제 - 대학 학부 한국어 문법 수업을 중심으로 -」, 『언어와 문화』, 11(2), 한국언어문화교육학회, 221-262.
이순영·최숙기·김주환·서혁·박영민(2015), 『독서교육론』, 사회평론.
이영근(2008), 「한국어교육학의 정체성을 찾아서 -응용언어학적 관점에서 바라보기-」, 『한국어교육』, 19(3), 379-401.
이은경·이윤진(2018), 『한국어 교육실습』, 한국문화사.

이주미·노정은(2015). 「한국어 학습자의 읽기 전략 연구 – 한·중 대학의 학부생 비교를 중심으로」. 『국제어문』, 64, 국제어문학회, 349-376.
이지영(2003). 「근현대 한국어 교재의 단원 구성 변천」. 『국어교육연구』, 11, 369-410.
이찬규(1997). 「뇌(腦)의 언어처리(言語處理) 모델을 기반으로 한 문장(文章) 의미분석(意味分析) 모형(模型)」. 『어문연구』, 25(3), 한국어문교육연구회, 46-63.
이해영·정혜선(2022). 「메타버스 활용 한국어교육에 대한 교사 인식과 교육적 적용 연구」. 『문화와 융합』 제44권 6호, 한국문화융합학회, 125-144.
장지영(2021), 「메타버스(Metaverse)를 활용한 한국어 말하기 수업 방안 연구 –게더타운(Gather.town)을 중심으로-」. 『한국어 교육』, 32(4), 국제한국어교육학회, 279-301.
정현선(2007). 『미디어 교육과 비판적 리터러시』, 커뮤니케이션북스.
천경록·이재승, 『읽기 교육의 이해』, 우리교육, 1997.
최은규(2020). 「한국어 교재의 변천사 연구」. 『선청어문』, 47, 서울대학교 국어교육과, 139-208.
최정순(1999). 「학습이론과 이독성(易讀性)에 바탕한 읽기 수업 연구」. 『외국어로서의 한국어교육』, 23(1), 연세대학교한국어학당, 49-70.
최정순(2013). 「한국어교육의 현황 및 발전 방향 –언어교육에서 문화교육까지 문화 간 의사소통적 접근법을 제안하며-」. 『韓國古典研究』, 27, 한국고전연구학회, 5-28.
최지현 외(2007). 『국어과 교수학습 방법』, 역락.
하채현(2015). 「한국어 읽기 교재 개발을 위한 기초 연구 및 모형 제시」. 『국어문학』, 58, 국어문학회, 107-134.
하채현(2016). 「중급 한국어 어휘 교재 개발을 위한 기초 연구」. 『한국어문교육』, 20, 고려대학교한국어문교육연구소, 199-229.
하채현(2019). 「한국어교육능력검정시험(TOTKA)의 '한국문화' 문항의 적절성 검토」. 『공존의 인간학』, (1), 전주대학교고전학연구소, 115-150.
하채현·Kaneko Ruriko(2020). 「TOPIK과 JLPT 읽기 지문에 나타난 문화 요소 비교 분석」. 『언어와 문화』, 16(1), 한국언어문화교육학회, 349-375.
하채현·황태묵(2020). 「TOPIK 읽기 지문에 나타난 성취문화 분석 – 한국 문화 교재와 비교를 중심으로」. 『한성어문학』, 43, 한성어문학회, 33-60.
한국방송통신대학교 평생교육원 편(2005). 『외국어로서의 한국어교육학』, 한국방송통신대학교출판부.
한근태(2020). 『고수의 독서법을 말하다:이 시대의 멘토, 한근태』, 이지퍼블리싱.
허용 외(2005). 『외국어로서의 한국어교육학 개론』 개정판, 박이정.
황병순(2018). 『한국문화론』, 박이정.

[국외문헌]
Athrur Hughes, *Testing for Language Teachers*, Cambridge University Press, 2002.
Brown, H. Douglas, *Teaching by principles : an interactive approach to language pedagogy*, 3rd ed. 권오량·김영숙 공역(2008), 『원리에 의한 교수 : 언어 교육에의 상호작용적 접근법』 3판, 피어슨에듀케이션코리아.
Bruner. J. S.(1966), *The Culture of Education*. 강현석·이자현 역(2005), 『교육의 문화』, 교육과학사.
Bruner. J. S.(2006), *In search of pedagogy*, London : Routledge.
Buckingham, David. 『전자매체 시대의 아이들』, 서울: 우리교육, 2004.

Cohen, A. D.(1990), *Language Learning: Insights for learner, teachers and researchers*, New York: Newbury House.
Cohen, A. D.(1998), *Strategies in learning: and using a second language*, London: Longman.
Flower, Linda (1989), *Problem-Solving Strategies for Writing*. New York(State): [s.n.].
Grabe, William · Stoller, Fredricka L.(2002), *Teaching and researching reading*, 허선익 옮김(2014), 『읽기교육과 현장 조사 연구』, 글로벌콘텐츠.
Hudson, Thom(2007), *Teaching Second Language Reading*, Oxford University Press.
Krashen Stephen D.(1982), *Principles and practice in second language acquisition* 1st ed, England: Oxford ; New York: Pergamon, 김윤경 역(2000), 『외국어 교육 이론과 실제』, 한국문화사.
Nation, I.S.P.(2001), *Learning vocabulary in another language*, 김창구 옮김(2012), 『I. S. P. Nation의 외국어 어휘의 교수와 학습』, 소통.
Nuttall, Christine E, Alderson, J. Charles(1996), *Teaching reading skill in a foreign language*, Oxford: Macmillan Heinemann English Language Teaching.
Rost, Michael(2002), *Teaching and researching listening*, 허선익 옮김(2013), 『듣기교육과 현장 조사 연구』, 글로벌콘텐츠.
Silberstein, Sandra(1994), *Techniques and resources in teaching reading*, New York: Oxford University Press.
Tim McNamara 지음, 강성우 · 백혜숙 · 고인성 역(2000), 『언어평가』, 박이정출판사.

[교재]
TOPIK Ⅱ 35회, 60회 한국어능력시험 읽기 기출문제.
박미형 · 송필숙 · 하채현(2015), 『술술 풀리는 한국어 읽기 초급편』, 두남.
서울대학교 언어교육원(2013), 『서울대 한국어 2A SB』, 투판즈.
순천향대학교한국어교육원(2008), 『문화로 배우는 한국어 1-2』, 보고사
하채현 · 김지우(2014), 『술술 풀리는 한국어 읽기 중고급편』, 두남.

[웹페이지]
www.ksif.or.kr
www.topik.go.kr

찾아보기

ㄱ

가독성__112
가상 교실__275
개념 기반__65
개요 만들기__174
경전__80
과제__94
교수 모형__109
교수법__275
교수 상황__92
교수자__46
교수-학습__166
교수 현장__123
교육용 과제__96
구성주의__26, 75
구어__17
구조적 이해 능력__236
국립국어원__123
기능 중심 읽기__232
기본어휘__123
기사문__259
기술문법__25
기술/분류__193
기술 텍스트__149

ㄴ

나선형의 사고 과정__166
난이도__51, 124
낭독__276
낱말을 모으는 기법__136
내부자 관점__79
내용 스키마__46
넓게 읽기__107, 122
논리적 이해 능력__237

ㄷ

능동적인 과제__96, 99
능숙한 독자__124, 143, 171, 190

ㄷ

다시 읽기__173
단계별 읽기 목표__40
단문__124
단어 인지 능력__122
담화 구성의 유형__190
담화 표지어__47, 153, 172, 195
데이비드 버킹엄__276
데이터 기반__64
독서 교육__269
독자__19, 165
독해__122, 124, 151
독해력__36, 154, 195
동기__168, 169
동기 유발__81
동료 학습자__154

ㄹ

린다 플라워__155

ㅁ

머신러닝__277
메모하기__156
메타버스__274
메타언어__123
메타 인지 전략__147, 154
모국어 읽기__21
모국어 화자__248
묵독__276
문법__125
문법 번역 교수법__28, 88
문법적인 자각__198

문어__17
문어 텍스트__18
문종__52, 77
문학 기반 교수__108
문화적 지식__156
문화 지식__80
문화 학습__252
미숙한 독자__171

ㅂ

배경지식__21, 44, 61, 65, 146, 153, 165, 208
변형생성 문법__26
보상 전략__155
분석적 읽기__109
분석 활동__92
비교와 대조__191
비평__42
빅데이터__277
빈출 어휘__129
빨리 읽기__175

ㅅ

사고 과정__109, 165
사고 구술__155
사고력__87, 215
사고와 언어__19
사물인터넷(IoT)__97
사실적 이해 능력__235
사전의 활용__136
사회구성주의__111
사회 문화적 의미__21
상위 인지 전략__154
상향식 모형__64
상향식 읽기 모형__131
상호작용 모형__65
상호적 전략 교수__110
생태계__275
설명문__259

설명 텍스트__113, 149, 151
성취기준__248
세종학당 교육과정__272
수동적인 과제__95, 99
수사 구조__47
수업 상황__157
숙달도__79, 130, 175, 226
스키마__21, 28, 46, 49, 61, 65, 165, 168
시뮬레이션__94
신호 낱말__195
실생활적인 과제__95
실용텍스트__150
실제적인 자료__92
실험 연구__105
심미적 텍스트__149

ㅇ

아웃풋 전략__155
어휘 교육__121
어휘 교재__127, 129
어휘 능력__235
어휘 선정__123
어휘와 읽기와의 상관성__126
어휘 장__120, 137
어휘 지도__135
어휘 지식__119, 122, 124
어휘 학습__130
어휘 활동__133
언어 자료__130
언어자료집__129
예시__193
예측하기__153
온라인 플랫폼__276
온라인 한국어__275
외국어 읽기__21
외부자 관점__79
요약하기__153, 174
원인과 결과__192

웹 기반의 읽기 교실__276
웹 기반 한국어__275
유창성__37, 106, 120
응집성__77, 152
의미 중심 읽기__231
의미 중심 읽기 교수__110
의사소통__36, 60, 79
이독성__45, 50
이로운 역류__225
이야기의 흐름__194
이야기체 텍스트__113
이해__165
이해 과정__64
이해 영역__17
이해 행위__17
인공지능__277
인지 심리학__22, 26, 28, 64
인지 전략__145, 153, 154
일반 목적 읽기__106
읽기 과정__146, 155
읽기 과정 모니터링__154
읽기 과제__95
읽기 교수 모형__27, 274
읽기 교수-학습__275
읽기 교실__188, 205
읽기 교육__23, 107, 269, 278
읽기 교육 모형__273, 274
읽기 교육의 목표__87
읽기 교재__110, 112
읽기 기능__24, 227
읽기 기술__171
읽기 능력__120, 124, 145, 234, 251
읽기 단계__167, 171
읽기 모형__171
읽기 목적__145, 168
읽기 속도__106
읽기 수업__81, 165, 211, 252

읽기 수업 설계__89
읽기 수업의 구성 원리__198
읽기 이해__168
읽기 자료__87, 88, 157, 165, 168, 169, 188
읽기 전 단계__167
읽기 전략__74, 76, 108, 143, 147, 187
읽기 지도__197
읽기 테스트__125
읽기 텍스트__277
읽기 평가__225, 234, 260
읽기 학습__61, 166, 205
읽기 활동__89, 165
읽은 후 단계__167, 173

ㅈ

재구성 활동__92
정독__109
정보 처리__67
정의__191
제2언어__79
제2언어 교수__107
제2언어 습득__20, 25
제2언어 읽기__76
주석__136
주제 고르기__260
주제문__89, 112
주제별 읽기 학습__252
주제 중심 읽기__231
중급 단계__132
중급 학습자__127, 131
중심 내용 찾기__144
중심 내용 파악하기__260
중심 생각 파악하기__196
질적 연구__106

ㅊ

찬성과 반대__194
창의적인 사고__175

찾아 읽기__38
초급 학습자__131
초인지 전략__145, 154, 171
추론적 이해 능력__236
출판__93

ㅌ

텍스트__27, 42, 44, 73, 76, 107
텍스트 개작__112
텍스트 구조__77, 112, 113, 149
텍스트 생산자__152
텍스트 수정__111
텍스트 유형__77, 145, 149
토큰화__277
토픽__123, 125, 251
토픽 읽기__252
통사적 지식__75
통합 교육__81
통합 수업__81, 219
특수 목적 읽기__106

ㅍ

평가 명세서__227
표제어__123, 128, 129
표준 모형__52
표현 영역__17
플립드러닝__274
필사__156
필수 어휘__129

ㅎ

하향식 모형__28, 65
학문 목적 한국어 학습자__275
학습 목표__87
학습자__46, 51, 169
한국어 교사__24
한국어 교수법__274
한국어교육능력검정시험__81
한국어 교재__270
한국어능력시험__247, 249
한국어 읽기 교육__270
한국어 표준 교육과정__39, 43
한국어 학습자__247, 251, 260
해독__19
해석__42
행동주의 심리학__25
현장 조사__75, 76
형식 스키마__47
확장 읽기__107
훑어 읽기__38, 172
흥미도__168

A_Z

Brown__52
Carter__44
Cohen__147
Gass__133
Goodman__19
Hosenfeld__144
Littlewood__96
Nunan__96
Nuttall__92
PBL__274
TOPIK__249, 250, 260, 273
Warren__151